웃는 부모 행복한 아이

웃는 부모, 행복한 아이

초판 1쇄 발행 2017년 10월 17일

글쓴이 염은희
펴낸이 한혁수

기획·편집 박지연, 이예은, 민가진
디자인 한수림, 김세희
마케팅 김남원, 구혜지
제작관리 김남원

펴낸곳 도서출판 다림
등록 1997년 8월 1일(제1-2209호)
주소 07228 서울시 영등포구 영신로 220 KnK디지털타워 1102호
전화 (02) 538-2913 | 팩스 (02) 563-7739
블로그 blog.naver.com/darimbooks
다림 카페 cafe.naver.com/darimbooks
전자 우편 darimbooks@hanmail.net

ISBN 978-89-6177-154-2 13590

© 염은희, 2017

*이 책 내용의 일부 또는 전부를 사용하려면 반드시 저작권자와 도서출판 다림의 서면 동의를 받아야 합니다.
*책값은 뒤표지에 있습니다.

웃는 부모
행복한 아이

염은희 지음

다림

들어가는 말

　공자의 제자들이 스승님을 모시고 저잣거리를 걷고 있었는데, 저잣거리 중앙에 한 사내가 쪼그려 앉아 볼일을 보고 있더랍니다. 제자들은 스승의 눈치를 살폈으나 공자는 개의치 않고 사내 옆을 지나쳐 걸었지요.

　며칠 뒤 공자가 제자들과 그때 그 저잣거리를 다시 걷는데 이번에는 골목 모퉁이에 다른 사내가 쪼그려 앉아 볼일을 보고 있더래요. 그런데 이번에는 공자가 불같이 화를 내며 사내를 나무라더랍니다.

　궁금한 제자들이 물었습니다.

　"스승님, 지난번 저잣거리 중앙에서 쪼그려 앉아 볼일을 보던 사내는 그냥 지나치시고, 인적도 드문 골목길에서 볼일을 보던 사내

에겐 왜 그리 언성을 높여 호통을 치셨습니까?"

"중앙에서 볼일을 보던 자는 어차피 말을 해도 못 알아들을 것이고, 골목길에 숨어 볼일을 보던 사내는 그래도 생각이 있는 자니 깨우쳐 줄 필요가 있지 않겠느냐?"

사람의 됨됨이는 어느 날 갑자기 완성되는 것이 아닙니다. '세 살 버릇 여든까지 간다'는 속담이 있지요. '버릇'의 사전적 의미는 여러 번 되풀이함으로써 저절로 익고 굳어진 '행동'이나 '성질'을 말합니다. 그렇다면 행동은 무엇에 의해 결정될까요?

"그렇게 자꾸 동생 때리면 나쁜 사람이 되는 거야. 알겠어? 한 번만 더 동생 때리면 엄마도 참을 수가 없어. 그땐 너도 똑같이 때려 줄 거야."

부모의 '한 번만 더'가 '한 번만 더 하도록' 부추긴 건 아닐까요?

인간은 꽤 이성적이고 합리적인 것 같지만 많은 경우 감정적으로 처리하며 자신의 행동을 합리화합니다.

"엄마도 화내는 거 싫어. 그런데 지금 엄마가 화가 난 건 네가 동생을 때렸기 때문이야. 엄마도 속상하지만 네가 좋은 사람 되라고 벌을 세우는 거야."

그래서 나쁜 버릇은 고쳐졌나요? 이런 패턴을 얼마나 반복하고 있나요? 앞으로 얼마나 더 반복할 예정인가요?

아이를 야단치면 당장은 행동이 변화하는 것 같지만, 근본적인 마음의 문제는 여전히 남아 있습니다. 우리의 마음은 남아 있는 문제를 해결하고 싶어 하기 때문에 비슷한 상황이 되면 같은 행동을 반복하게 되는 것이죠. 이럴 때는 잘못된 행동을 만들어 낸 마음을 알아주고, 그다음에 어떻게 행동해야 하는지를 가르쳐야 합니다.

"왜 동생을 때렸어? 동생을 때리고 싶을 만큼 화가 났어?"

'세 살 정서 여든까지 간다.'

마음을 이해받지 못하면 우리는 억울함, 분노, 서운함, 무시당함, 슬픔, 무기력함, 좌절감 등과 같은 어두운 감정들을 느끼게 됩니다. 이 감정들을 가지고 평생을 살아가야 한다면 아무리 남들이 부러워하는 성공적인 삶을 산다고 해도 행복과는 좀 거리가 먼 삶을 살게 되지 않을까요?

우리는 결혼식을 준비하느라 많은 시간을 쓰고 노력합니다. 행복한 결혼을 위한 준비인데 결혼식을 준비하느라 마음이 상하고, 이걸 해야 하나 말아야 하나 밤새워 고민하고, 심지어 결혼 전에 헤어지는 커플들도 많습니다. 진짜 중요한 결혼 준비를 하지 못한 채 부부가 되고, 부모가 되는 거죠.

　행복한 결혼 생활을 위한 준비는 어떻게 해야 하는지, 서로 다른 남녀가 만나 살아가는 데에 의사소통은 어떻게 해야 하는지, 갈등이 생겼을 때는 어떻게 조율해야 하는지, 좋은 부모가 되기 위해 무엇을 배워야 하고, 연습해야 하는지…….

　사랑이면 다 해결될 거라 믿습니다. 부부 관계도, 부모 자녀의 관계도. 그런데 살아 보니 사랑해서 더 힘이 듭니다. 사랑하지 않는 마트 사장님을 대하기는 참 쉬운데 말입니다. 그놈의 사랑이 뭔지, 멈출 수도, 더 나아갈 수도 없게 만듭니다.

　자식을 위해 최선을 다하는 대한민국 부모님들. 그런데 우리 아이들의 모습은 어떤가요? OECD 국가 중 5년 연속 행복 지수 꼴등을 자랑하고 있습니다. 5년 전에는 행복했냐고요? 이 조사는 6년 전부터 시작됐고, 작년에는 우리나라가 아예 참여하지 않았다는 보도가 있네요.

　부모는 최선을 다하고 있는데 아이들은 최악의 모습으로 살아가고 있다면 뭔가 문제가 있어 보입니다. 좋은 버릇을 가르쳐 주고 싶은 이유는 자녀들이 행복한 삶을 살아가기를 부모가 바라기 때문인데, 아이들은 행복해하지 않습니다. 어떻게 해야 할까요?

행복한 부모가 행복한 아이로 키울 수 있습니다.

웃을 일이 있을 때만 웃는 부모, 웃을 일이 있어도 웃지 않은 부모, 웃을 일이 없어도 웃을 일을 만드는 부모. 당신은 어떤 부모입니까? 아이들은 어떤 부모를 원할까요?

이미 자신이 좋은 부모의 역할을 잘 감당하고 있다고 느낀다면 '잘했다', '수고했어' 하고 칭찬해 주세요. 없는 문제를 찾으려고 애쓰지 마시고, 억지로 만들지도 마세요. '나도 힘들었고, 아이들도 힘들겠구나.' 하고 느낀다면 하나씩 연습하면서 좋은 부모 모드로 바꿔 보세요.

실패한 부모는 없습니다. 실수하는 부모만 있을 뿐입니다. 지금의 나를 정확히 진단하고 실수를 줄여 가는 것, 좋은 부모의 시작이고 출발입니다.

함께하고 싶습니다. 그리고 돕고 싶습니다. 세상은 이렇게 함께 도우며 살아갈 때 가장 행복한 걸음이 될 테니까요.

좋은 부모의 길을 걸어갈 수 있도록 저를 이 세상에 낳아 주신 부모님, 진짜 어른이 되는 법을 가르쳐 주었고 세상을 선하고 겸손한 눈으로 바라볼 수 있도록 도와준 두 아이, 다인이와 용범이, 그리고 염은희를 염은희답게 살도록 도와주신 소중한 분들께 감사와 고마움을 전합니다.

2017년 10월
아이들과 함께 우리 모두가 행복한 세상을 꿈꾸며
염은희부모교육연구소 소장 염은희

차례

Chapter 1
|행복편|

웃는 부모, 행복한 아이

0교시를 준비하세요	• 17
당신은 누구십니까?	• 24
소녀에서 여자, 그리고 엄마	• 33
엄마, 행복하세요?	• 39
당신의 행복은 얼마입니까?	• 51
행복 스위치를 켜고	• 56
자판기가 아니라고요	• 61
너 잘되라고 그러는 거야	• 68
완성된 파이만 행복인가요?	• 74
행복은 연습입니다	• 81
행복하게 성공하기	• 95
괜찮아, 네 잘못이 아니야	• 109
이런 내가 참 괜찮아	• 113
행복한 사람이 행복한 선택을 합니다	• 117
감사를 선택하세요	• 122
# 감사 일기	• 129

Chapter 2
| 감정편 |

감정을 디자인하라

나도 아기라고요!	• 135
엄마라고 불러도 돼요?	• 140
당신의 마음은 안녕하십니까?	• 146
아픈 아이, 나쁜 아이	• 151
그게 뭐 어쨌다고	• 159
자존심과 눈치의 대결	• 167
행동일까? 기분일까?	• 175
마음이 고픈 아이들	• 181
감정은 부메랑	• 186
자극과 반응 사이	• 193
기질대로 사는 아이	• 197
감정 다이어트	• 200
감성 지능이 왜 중요할까?	• 204
감성 지능은 어떻게 키울까?	• 210
# 감정 일기	• 215

Chapter 3
|소통편|

잔소리를 멈추고 대화를 하라

잔소리는 이제 그만!	• 221
말이면 다냐?	• 225
긍정적 착각이 긍정적 결과를 만든다	• 229
원수를 애인으로	• 233
이게 문제야	• 239
누구의 문제인가	• 246
알아차림	• 253
이름값 하며 살기	• 257
가족과 함께할 시간	• 260
# 이런 사람이 되게 하소서	• 264

Chapter 4
|변화편|

기 적 을 선 물 하 는 네 가 지 기 술

기적을 선물하는 네 가지 기술	• 269
# 엄마도 그렇단다	• 281
# 꿈꾸는 나	• 284
# 공로상	• 287

Chapter 1
| 행복편 |

"엄마, 행복해?"
"당연하지."
"왜?"
"네가 있어서."

아무 이유도 없습니다.
아니, 아무 이유도 없었으면 좋겠습니다.
엄마여서 행복하고 아빠여서 행복한
부모들이 많아진다면
우리 아이들의 오늘은 조금 더
행복해질 테니까요.

웃는 부모,
행복한 아이

0교시를 준비하세요

아이들을 대할 때 나는 두 가지 감정을 느낍니다.
지금의 모습에 대한 사랑과 앞으로의 모습에 대한 존경
_야누수 코르착(폴란드 교육가이자 아동문학가)

세상에는 두 부류의 사람들이 살고 있습니다. 만나면 기분 좋은 에너지를 채워 주는 사람, 만날수록 에너지가 방전되는 사람.

여러분은 어떤 사람입니까? 함께 있으면 시간이 금세 지나가고, 뭘 먹어도 맛이 있고, 안 해도 되는 이야기까지 술술 나오게 만드는 사람이 있지요. 반면에 자꾸 시계를 쳐다보게 만들고, 뭘 먹어도 맛이 없고, 꼭 해야 할 이야기도 하고 싶지 않게 만드는 사람이 있습니다.

살맛이 나게 하는 기분 좋은 사람, 살맛을 떨어뜨리는 기분 나쁜 사람 중 어떤 사람이 되고 싶은가요?

기분 좋은 에너지를 채워 주는 사람으로 사는 일은 생각보다 쉽습니다. 가면을 쓰면 되니까요.

"너 아침부터 왜 이래! 그럴 거면 학교고 뭐고 다 때려치워! 엄마도 이제 몰라. 엄마 쓰레기 버리고 올 거니까 그때까지 준비하든지 말든지 네 맘대로 해!"

미적대는 아이를 향해 소리를 지르고 문도 쾅 닫고 나갔는데, 마침 출근하는 201호 아저씨와 마주칩니다.

"(솔 목소리) 안녕하세요? 오늘은 출근이 좀 늦으시네요. 호호호."

순식간에 우리는 가면을 쓰고 새로운 인격을 사용합니다.

이처럼 기분 좋은 사람으로 살아가는 건 쉬운데, 기분 좋은 부모로 살아가는 건 생각만큼 쉽지가 않습니다. 인격이 아니라 성숙되지 못한 성격이 불쑥불쑥 튀어나와서 말이죠.

그렇다고 우리가 맨날 기분 나쁜 상태로 아이들의 에너지를 방전시키는 건 절대로 아닙니다. 아침에 눈을 떴는데 햇살이 눈부시고, 왠지 기분 좋은 날이 가끔, 아주 가끔 있기도 합니다. 이럴 때 우리는 두 가지가 달라집니다. 표정과 목소리 톤.

아이를 깨우러 갑니다.

"아들(딸)~ 일어나요. 아침이에요."

하지만 이런 목소리에 익숙하지 않은 아이들이 바로 반응할 리가 없지요.

"(콧소리) 엄마가 일어나라고 말했는데?"

두 번까지는 콧소리를 할 여유가 있습니다. 하지만 아이들은 끔 짝도 하지 않네요.

"야! 엄마가 지금 몇 번을 말했니? 학교 갈 거야 안 갈 거야? 몇 살인데 엄마가 맨날 깨워야 일어나니? 지각해도 엄마는 몰라. 이단식으로 할 거면 다 때려치워. 야! 마지막으로 한 번만 더 깨운다. 하나, 둘, 셋!"

이게 마지막이라는 걸 아는 아이들은 부스스 잠을 깨며 볼멘소리를 냅니다.

"일어나면 될 거 아니에요. 아침부터 왜 소리를 지르세요?"

이미 기분을 망친 아이들은 쿵쿵거리며 욕실로 향하고, '저게 뭘 잘했다고!' 한마디를 더 하고 싶지만 처음에 느꼈던 좋은 기분을 잃고 싶지 않아 우리는 심호흡을 하며 주방으로 갑니다.

"아침 먹어. 빨리 와서 아침 먹으라고."

"가고 있잖아요. 근데 엄마, 왜 또 미역국이에요?"

우리도 참을 만큼 참았습니다.

"먹지 마! 너 지구상에 굶어 죽는 아이들이 몇만 명인 줄 알아?

북한 아이들이 어떻게 사는지 지난번 TV에서 봤지? 지금 부모가 있어도 버려지는 아이들이 수두룩한데. 먹기 싫으면 먹지 마."

이러고는 국그릇을 치웁니다.

"아, 진짜! 안 먹으면 될 거 아니에요."

아이는 인사도 없이 가방을 들고 문을 '꽝' 닫고 나가 버립니다. 우리는 또 절대 이런 꼴을 볼 수가 없지요. 맨발로 따라 나가서 아이를 붙잡아 옵니다.

"너, 들어와. 어디서 이런 나쁜 버릇을 배웠어? 이런 기분으로 학교 가면 무슨 공부가 되겠어? 뭘 잘했다고 짜증이야? 아침 기분이 얼마나 중요한데? 엄마 쳐다봐. 엄마랑 파이팅 한번 하고 활짝 웃고 가자."

이때 활짝 웃고 파이팅하는 아이가 있다면 이상한 거 아닌가요?

지난밤 회사에서 문제가 있었는지 출근길이 무거운 남편이 문을 꽝 닫고 나가는데 아내가 쫓아가서 붙잡아 옵니다.

"당신, 어디서 이런 버릇을 배웠어? 이런 기분으로 회사 가면 무슨 일이 잘되겠어? 나랑 활짝 웃고 파이팅 한번 하고 가요."

시댁에 일하러 가는 아내가 또 이런 식으로 현관문을 꽝 닫고 나서는데 남편이 쫓아와 이야기합니다.

"당신, 어디서 이런 버릇을 배웠어? 이런 기분으로 시댁에 가면 무슨 일이 되겠어? 나랑 파이팅 한번 하고 갑시다."

가능하겠어요? 기분이라는 건 그렇게 순식간에 바꿀 수 있는 게 아닙니다. 더구나 훈련이 되지 않은 상태라면요.

우리도 안 되는 걸 왜 아이들에게 요구하고 강요하나요?

우리 아이들은 유치원, 어린이집, 학교에서 매일 똑같은 1교시 수업을 시작합니다. 그런데 우리가 가정에서 0교시 수업을 어떻게 시작해 주느냐에 따라 아이들의 1교시가 달라지고, 하루가 달라지고, 그 하루하루가 모여서 인생이 달라집니다.

우리 아이들이 행복한 인생을 살기 원한다면 행복한 0교시를 준비해 주세요. 기분 좋은 발걸음으로 친구들과 인사를 나누고 수업에 대한 기대감을 가지고 시작해도 학교생활이라는 게 그리 만만치 않다는 걸 부모님들도 잘 알고 있을 거예요.

유리 공을 바닥에 던지면 산산조각이 납니다. 고무공을 던지면 더 높이 튀어 오릅니다. 탄력이라는 '힘'을 가지고 있기 때문이죠. 우리에게도 이러한 힘이 필요합니다. 곳곳에서 도사리고 있는 갈등과 문제 상황들을 이겨 낼 이 힘, 바로 0교시에 있습니다. 아이들은 배가 고픈 게 아니라 마음이 고픕니다. 그래서 밥과 함께 행복한 감동을 먹여 주어야 합니다.

"우리 아들(딸) 잘 잤어?"

"와! 오늘은 어제보다 준비가 빠르네."

"맛있게 먹어 줘서 고마워."

"오늘도 좋은 하루 보내."

부모에게 감동받고 자란 우리 아이들, 분명 세상을 감동시키는 사람으로 자랄 것입니다.

매일 아침 활짝 웃으며 아이들을 대하는 일은 결코 쉽지 않습니다. 부모와 마음이 통하는 어느 시점이 되면 깔때기가 찌꺼기를 걸러 내듯 아이들은 부모의 찌꺼기 감정을 걸러 낼 힘이 생기게 됩니다.

좋은 부모의 모습은 어떤 건지, 어떻게 하면 좋은 부모가 되는지 우리는 무척이나 잘 알고 있습니다. 쏟아지는 육아 정보들을 손쉽게 접할 수 있고, 요즘 부모님들은 관심도 참 많습니다.

"나도 다 알아. 내가 얼마나 책을 많이 읽었는데."

"나는 강의란 강의는 다 들었어. 다 똑같은 이야기지 뭐."

알고 있다는 최소한의 만족감이 마치 하고 있다는 착각을 하게 만드는지도 모릅니다.

결국 나는 최선을 다하고 있고 문제가 없는데, 모든 문제는 이론대로 하지 않는, 나를 닮지 않은 아이들에게 있는 거라고 단정 짓게 되는 거죠.

많은 것을 아는 것이 중요한 게 아니라 아는 것을 하나라도 하는 것이 중요합니다. 맛있는 음식을 많이 먹어 본 사람이 모두 요리의 달인이 되는 게 아닌 것처럼 말이지요.

기분 좋은 감동의 출발이 어렵다면 비난만이라도 멈추세요.

"너 어제 몇 시에 잤어? 또 핸드폰 했지?"

"그러니까 어제 엄마가 일찍 자라고 했지? 오늘부터는 TV 금지야."

"얼굴 펴. 누가 늦게 자라고 했어?"

"잘~했다. 가서 야단 좀 맞아야 정신을 차리지."

우리는 반응하고 생각하고 후회하기를 반복합니다. 순서를 바꾸어 보세요. 생각하고 반응하기로요.

"(어제 늦게 잔 모양이너. 일찍 자면 좋을 텐데.) 피곤하지? 오늘 밤엔 좀 일찍 자는 게 좋겠다. 힘내고 잘 다녀와."

빈 수레가 요란하듯 빈 마음이 요란합니다.

아이들의 하루를 시작하는 0교시, 오늘은 어떠셨나요?

당신은 누구십니까?

**당신을 만든 것은 당신이며
당신을 바꿀 수 있는 것도 당신이다.**
_알프레드 아들러(오스트리아의 정신의학자)

낳아 주시고 길러 주신 부모님께 만족하나요?

왜 여자로, 왜 남자로 태어났나요?

출생 서열은 누가 정하나요?

우리는 부모를, 그리고 수많은 조건들을 선택할 수 없었습니다.

많은 부모님들이 저를 찾아와서 이렇게 말씀하십니다.

"저도 매를 맞았어요. 그래서 나도 모르게 아이를 때리게 되네요. 그런데 제가 맞은 거에 비하면 아무것도 아니에요."

"저는 부모님의 사랑을 전혀 받지 못했어요. 그래서 사랑을 주는 게 너무 어려워요."

매를 맞아서 때리는 거라면, 매를 맞았지만 따리지 않을 수도 있습니다. 사랑을 받지 못해서 주지 못하는 거라면, 사랑을 받지 못했지만 줄 수도 있습니다. 이제는 우리가 선택하고 바꿀 수 있다는 겁니다. 부모를 선택하고 바꿀 수는 없지만 내가 어떤 부모로 살아갈 건지는 얼마든지 선택하고 결정할 수 있습니다.

"너무 어려워요."

네, 정말 어려운 일입니다. 그러나 할 수 없는 일은 아닙니다. 그래서 부모 교육이 필요하고, 훈련이 필요합니다. 자전거를 처음 배웠을 때, 피아노 건반을 처음 눌렀을 때, 처음 요리를 했을 때……. 어려워서, 안 될 것 같았지만 우리는 결국 해냈습니다. 우리는 모두 처음 부모가 되었고, 처음으로 부모 역할을 하고 있습니다.

세월호가 침몰한 지 어느새 천 일이 넘었습니다. 승무원 박지영 씨는 아이들에게 구명조끼를 찾아 입혔습니다. 마지막 자신이 입고 있던 구명조끼마저 한 여고생에게 건네며 말했지요.

"빨리 나가."

"언니는 안 입으세요? 언니 건데 저를 주시면 언니는 어떻게 나가세요?"

"언니는 승무원이야. 승무원은 맨 마지막에 나가는 거야. 걱정하지 말고 빨리 나가."

하지만 지영 씨는 끝내 나오지 못했습니다.

배가 기울어지자 불현듯 지영 씨에게 본인이 승무원이라는 사실이 생각났을까요? 승무원이라는 꿈을 꾸기 시작하면서부터 '승무원은 어떤 사람인가? 나는 이런 승무원이 되고 싶다.' 하고 고민하지 않았을까요?

우리의 선택으로 우리는 부모가 되었습니다. 그런데 어떤 부모로 살아갈까를 고민하지 않는다면 우리의 인생도, 우리 아이들의 인생도, 결코 안전하지 못할 것입니다.

10년 뒤, 20년 뒤, 우리 아이들이 우리 손을 꼭 잡고 이런 말을 해 줘야 하지 않겠어요?

"엄마, 아빠. 건강하게 잘 키워 주셔서 감사합니다."

"지나가는데 엄마가 좋아하시는 붕어빵이 너무 맛있게 생겼더라고요. 그래서 이렇게 달려왔죠."

"바쁘긴요. 바빠도 엄마 전화 받을 시간은 충분합니다."

"엄마, 아빠의 아들(딸)로 태어난 거, 그게 제일 감사해요."

우리가 진정 원하고 바라는 건 이런 모습이며 이게 진짜 성공한 부모의 자리가 아닐까요?

"그러니까 어쩌라고 나를 낳았냐고."

"엄마, 아빠가 나한테 뭘 해 줬는데?"

"바쁘다고요. 문자로 하세요."

"엄마, 붕어빵 좋아하셨어요? 엄마가 붕어빵 좋아하시는 줄 몰랐네……. (동생에게) 넌 알았냐?"

"엄마, 아빠만 힘드셨어요? 그런 엄마, 아빠랑 사는 저도 힘들었다고요."

우리의 인생은 거짓말을 하지 않습니다. 제대로 준 것만 제대로 돌려받을 수 있습니다. 우리가 부모의 몫을 잘 감당할 때 아이들도 아이들의 몫을 잘 감당할 거예요.

나를 알아야 합니다. 나를 알기 위해서는 나에게 관심을 가져야 합니다. 연애할 때 기억나시나요?

"꿈은 뭐예요?"

"좋아하는 음식은요?"

"언제 제일 행복하세요?"

"화가 나면 어떻게 푸세요?"

"가장 후회되는 일은 뭐예요?"

"인생에서 가장 중요한 게 뭐라고 생각하세요?"

"왜 사는지 생각해 보셨어요?"

"사랑이 뭐라고 생각하세요?"

끊임없이 묻고 또 물었던 그때를요.

죽을 때까지 버리면 안 되는, 두 개의 마음이 있습니다. 나를 사랑하는 마음과 나를 신뢰하는 마음입니다. 우리는 나를 대하는 마음으로 아이들을 대하게 됩니다.

가전제품의 사용 방법을 알면 다루기가 쉬워지듯이 나를 잘 알면 나의 말, 생각, 감정, 행동을 다루기가 쉬워집니다. 다룰 줄 안다는 건 돌볼 줄도 안다는 이야기입니다. 나를 다룰 줄 알고 돌볼 줄 아는 어른들이 아이들을 다루고 돌보아야 합니다.

나를 보는 만큼 아이들이 보이니까요.

지금부터 차분하게 자신과 이야기를 나누어 보세요. 혹시 어려운 사람들이 있을 것 같아 저의 이야기를 예시로 적어 보았습니다.

기억하세요!
지금보다 더 좋아지는 것도
지금보다 더 나빠지는 것도
모두 당신의 선택이라는 것을.

예시

나 이런 사람이야!

1 내가 행복할 때는 언제인가요?
- 하루 일과를 마치고 침대에 누울 때
- 무심코 라디오를 켰는데 내가 생각하고 있던 음악이 나올 때
- 아이들이 일찍 잘 때
- 청소를 마치고 햇살 가득한 거실에서 커피를 마실 때
- 주문한 책이 도착했을 때
- 아이들과 맛있는 음식 먹으며 수다 떨 때
- 좋아하는 사람들과 함께 있을 때
- 강의할 때
- 예배 드릴 때

2 내가 자랑스러웠던 순간은 언제였나요?
- 첫아이는 1시간 30분 만에, 둘째 아이는 45분 만에 자연분만했을 때
- 강의 때문에 2년에 20만 킬로미터를 달릴 때
- 삶을 힘들어하는 많은 이들이 내 강의를 듣고 삶의 의미와 활기를 찾아갈 때
- 따지지도 묻지도 않고, 재능 기부 강연을 흔쾌히 수락할 때
- 사람들이 두 자녀를 칭찬할 때
- 아이들이 내게 고맙다고 말해 줄 때

3 나의 장점 세 가지, 단점 세 가지는 무엇인가요?
- 긍정적이다. 매순간 좋은 것을 먼저 생각한다.
- 생각이 단순하다. 나쁜 기억은 잘 잊고, 복잡한 일을 쉽게 생각해서 처리한다.
- 부지런하다. 가만히 있지 못하고 늘 무언가를 하고 있다. 몸을 움직이면 우울한 기분도 사라지는 효과가 있다.
- 감정적이다. 감정으로 호소하는 사람들을 외면하지 못한다. 때때로 일에 손해가 발생한다.
- 덜렁거린다. 꼼꼼하지 못해서 물건을 잘 잃어버린다.
- 생각보다 행동이 앞선다. 하고 싶은 생각이 들면 일단 시작한다.

4 나를 화나게 하는 일(상황, 사람)은 무엇인가요?
- 약속을 소중히 여기지 않는 사람
- 사사건건 불평불만을 늘어놓는 사람
- 자신의 일에 최선을 다하지 않는 사람
- 예의 없이 말하고 행동하는 사람

5 내 삶에 영향을 준 사람, 혹은 사건은 누구이며 무엇인가요?(부정적, 긍정적)
- 동생의 죽음·이별은 누구에게나 준비 없이 온다는 사실을 알았고, 오늘, 지금의 소중함을 알게 해 주었다.
- 장기려 박사 책을 읽고 사람의 마음을 살리는 사람이 되어야겠다고 결심했다.
- 두 아이들. 내 맘대로 되지 않는 일이 있다는 것을 깨달았고 인생을 좀 더 겸손하게 살도록 날마다 깨우침을 주고 있다.
- 친정어머니, 아빠. 어떤 상황에서도 딸을 믿어 주셔서 자존감과 자신감이 충만한 사람으로 살고 있다.

6 10년 뒤, 나는 어떤 모습으로 살고 있을까요?
- 행복하게 소통하는 가정을 만들기 위해 가족 놀이 문화 공간을 꾸리고 있다. 놀이로 행복해지고, 의사소통 훈련을 통해 마음이 회복되고 성장하는 곳이다.
- 소년소녀가정들의 자립을 돕는 재단을 운영하고 있다.
- 두 아이의 엄마뿐만 아니라 많은 아이들의 엄마가 되어 있다.

7 올해 꼭 해 보고 싶은 일이 있다면?
- 혼자서 독서 여행 일주일 다녀오기
- 아무것도 안 하고 차려 주는 밥 먹으며 책만 읽기

8 나에게 가치 있는 것 다섯 가지는 무엇인가요?
- 가족, 강의, 신앙, 나눔, 좋은 사람들

나 이런 사람이야!

(✍ 직접 작성해 보세요.)

1 내가 행복할 때는 언제인가요?

2 내가 자랑스러웠던 순간은 언제였나요?

3 나의 장점 세 가지, 단점 세 가지는 무엇인가요?

4 나를 화나게 하는 일(상황, 사람)은 무엇인가요?

5 내 삶에 영향을 준 사람, 혹은 사건은 누구이며 무엇인가요?(부정적, 긍정적)

6 10년 뒤, 나는 어떤 모습으로 살고 있을까요?

7 올해 꼭 해 보고 싶은 일이 있다면?

8 나에게 가치 있는 것 다섯 가지는 무엇인가요?

소녀에서 여자, 그리고 엄마

사람들의 말마따나 사랑은 모든 것이다.
그렇기에 사랑을 위한 투쟁도, 사랑을 위한 용기도,
사랑을 위해 감수하는 모든 위험도, 조금도 아깝지 않다.
_에리카 종(미국의 작가)

"자궁 문이 반은 열렸네요. 당장 입원하셔서 출산 준비를 하셔야 해요."

일하는 엄마를 만난 첫아이의 인생은 시작부터 급박했습니다. 퇴근 후 마지막 검진을 받기 위해 병원으로 향했고, 출산일까지는 보름이나 더 남았는데 말이지요.

대기실에 누워 있는데 진통은 오지 않고, 정신은 멀쩡한데, 곁에 있는 산모들의 진통 소리에 이미 수차례 출산을 한 느낌이었습니다.

1시간 30분 진통 끝에 2.7킬로그램의 딸을 낳았습니다. 엄지 공주처럼 작은 아이를 보고 있자니 감동·감사·기쁨·뿌듯함·대견

함·자랑스러움······. 어떤 말로도 표현할 수 없는 묘하게 벅찬 감정들이었습니다. 그러나 감동은 그리 오래가지 못했습니다.

고작 두 달을 먹이겠다고 출산의 고통보다 몇십 배는 더 심한 젖몸살을 앓느라 힘들었고, 이제 한참 모유 맛을 알아 가는 아이에게 젖을 떼게 하느라 힘들었고, 시도 때도 없이 울어 대는 아이 덕분에 불면증이 생겨 힘들었고, 아이를 돌보아 줄 사람을 찾느라 머리가 다 빠질 만큼 힘들었고, 출근은 해야 하는데 불어난 살 때문에 힘들었고, 남편에게는 알 수 없는 서운한 마음이 들어서 힘들었습니다.

감격과 감동의 순간은 어느덧 공포와 두려움, 불안, 외로움으로 바뀌고 있었습니다.

잠에서 깨어 옆에 누워 있는 아이를 보고 있으면 '이게 꿈인가······.' 싶을 때도 많았습니다. 아니 꿈이길 바랐던 것 같네요.

"이제 좋은 시절은 다 갔어. 배 속에 있을 때가 좋은 거야."

어른들의 이야기를 이때까지만 해도 실감하지 못했습니다. 결혼이 행복 끝, 불행 시작이라는 걸 몰랐듯이 말입니다.

"애가 왜 이렇게 작아? 엄마가 너무 힘들게 일해서 그런 거야."라는 시어머니의 가시 돋힌 질책에는 서러워서 눈물이 났고, "괜찮아. 작게 낳아서 크게 키우면 돼."라는 친정어머니의 따뜻한 위로에는 고마워서 눈물이 났습니다. 우리 몸에 눈물이 이렇게 많다는 걸 예전엔 미처 몰랐습니다.

배 속에서도 움직임이 많았던 아이는 세상에 나와서도 마찬가지였습니다. 신생아는 뜨는 시간 외에는 잠만 잔다는 말은 제 아이에게 전혀 맞지 않는 이야기였습니다.

이런 아이를 보고 시어머니는 "애가 왜 이렇게 부산스럽니?"라고 하고, 친정어머니는 "얼마나 부지런한 사람이 되려고 이러시나." 하고 말했습니다. 똑같은 상황을 보고도 우리는 이렇게 다르게 의미를 부여합니다.

아이를 만드는 건 바로 부모의 의미 부여, 곧 말이라는 것을 저는 엄마가 된 이후 조금씩 깨닫기 시작했습니다. 물론 깨닫기만 했을 뿐 실천을 하게 된 건 아주 멀고 먼 훗날입니다.

컨디션이 좋을 땐 아이를 안고, 어르고, 달래고, 재우고, 힘든 것도 기쁨이고 보람이었지만, 컨디션이 좋지 않을 땐 아이를 안고, 어르고, 달래고, 재우는 일들이 억울하고 힘겹기만 했습니다.

나중에야 알았습니다. 안아 주는 시간이 중요한 게 아니라 어떤 마음으로 아이를 안아 주느냐가 더 중요하다는 것을요.

"내가 널 하루 종일 안고 살았어."

그런데 아이는 매순간 시간의 무게를 느낀 게 아니라 철근보다 무거워진 엄마 마음의 무게를 느끼고 있었습니다.

"애는 그냥 보자기에 싸세요. 옷 입힐 시간도 없어요."

"우유 먹던 건 그냥 가방에 넣어요. 아니면 차에 가면서 더 먹이든지."

"나는 오늘 늦는데, 당신이 아이 좀 데리고 오면 안 될까요?"

"아이 약은 챙겼어요?"

고요하기만 하던 아침은 딸의 등장으로 그야말로 매일 아수라장이 되었습니다. 아이는 감기약을 달고 살았고, 생활 패턴이 안정되지 않으니 다른 아이들처럼 발단 단계에 맞게 크지도 않고, 성격은 점점 더 예민해졌습니다.

직장이었던 유치원은 크고 작은 행사들이 많습니다. 그리고 하루 종일 아이들과 함께 뛰고, 또 뛰고 해야 합니다.

퇴근 시간이 일정하지 않은 날이 많아서 아이를 돌봐 주는 언니에게는 늘 죄인 같은 마음이었고, 부모님들에게나 원장님, 그리고 동료들에게 아줌마 티 내고 싶지 않아서 전보다 더 열심히 일을 했습니다. 나 스스로에게 조금의 특혜도 허락하지 않았습니다.

늦은 시간 아이를 데리고 집으로 돌아올 때에는 '내가 이러려고 엄마가 됐나. 무슨 부귀영화를 누리겠다고.' 하는 마음에 하염없이 눈물이 흘렀습니다.

'내가 이러려고 태어났나.' 그때 제 마음의 귀가 조금이라도 열렸더라면 이렇게 말하는 아이의 목소리를 들을 수 있었을 텐데 말이에요.

좋은 선생님이 되기 위해 저는 참 많은 노력을 했습니다. 성취 욕구가 강했고, 사람들에게 인정받고 싶었고, 무엇보다 저에게는 좋은 원장이 되고 싶은 꿈이 있었으니까요.

그런데 저는 좋은 엄마가 되려는 노력은 별로 하지 못했습니다. 아니, 엄마 이전의 삶으로 되돌리고 싶다는 말도 안 되는 생각에 사로잡혀 하루하루를 견디고 버티며 살았습니다.

유아 교육을 전공했지만, 아이를 낳으면 자동적으로 부모가 되듯이, 좋은 부모도 연수가 더해지면 자동적으로 되는 줄로만 알았던 거죠.

자녀에게 상처를 주기로 작정한 엄마들은 없습니다. 그런데 부모 역할을 배우지 않고, 훈련하지 않으면 나도 모르는 사이에 상처에 파묻혀 살아가는 아이들을 마주하게 될 것입니다.

엄마의 존재를 조금씩 알아가면서 아이와의 아침 전쟁은 점점 더 길어지고, 심각해져 갔습니다. 엄마에게서 떨어지려고 하지 않는 아이와 그 아이를 어떻게 해서든, 조금이라도 빨리 떼어 내려는 엄마의 골은 점점 더 깊어져 갔습니다.

"엄마, 주사 맞고 빨리 올게. 아이고 배야."

아이들이 주사를 싫어하게 된 원인이 엄마의 이런 말 때문은 아닐까요?

안정된 애착을 가진 아이들은 분리 불안을 겪지 않습니다. '나갔던 엄마는 반드시 정해진 시간에 돌아올 것이다.'라는 믿음이 있는 거죠. 제 딸은 엄마가 눈에 보이지 않으면 자기 곁을 떠났다고 생각하는 전형적인 불안정한 애착을 가진 아이였습니다.

아침마다 우는 아이의 문제가 아니라, 밥을 잘 먹지 않는 아이의 문제가 아니라, 엄마와 떨어지기 싫은 아이의 마음에 문제가 있었다는 걸 그때 알았더라면 얼마나 좋았을까요?

'엄마'라는 또 다른 이름은 그렇게 매일 저를 울게 만들었습니다. 그리고 그 눈물이 저를 조금씩 어른으로 성장시켜 주었습니다. 자식을 위해 흘리는 땀과 눈물은 절대로 거짓말을 하지 않습니다.

 이렇게 하세요

아침에 아이가 엄마와 떨어지지 않으려고 할 때는 이렇게 하세요.

우선 엄마에게 필요한 것은 시간과 공감입니다. 아이의 말에 공감하기 위해서는 엄마의 공감하고자 하는 마음과 시간이 필요합니다. 이런 경우, 아침에 잠을 좀 줄이고서라도 아이와 여유 있는 이별을 해야 합니다. 물론 우리도 사람인지라 잠이 절대적으로 부족하고 필요한 게 문제지요. 하지만 인고의 시간이 그리 길지 않다는 걸 아이들이 자신보다 훨씬 자란 뒤에 깨닫게 되면 이미 늦겠지요?

"엄마랑 같이 놀고 싶지? 엄마가 회사 가니까 우리 딸 눈물이 나지? 엄마도 슬프고 속상하네. 저녁 때 만나서 엄마랑 재밌게 놀자. 사랑해."

이렇게 아이를 5분 만이라도, 아니 3분 만이라도 품에 안고, 아이의 눈물과 마음을 알아차려 주세요.

엄마, 행복하세요?

자녀가 맛있는 것을 먹는 것을 보고 어머니는 행복을 느낀다.
자기 자식이 좋아하는 모습은 어머니의 기쁨이기도 하다.
_플라톤(고대 그리스의 철학자)

어느 날, 한 소녀가 가시덤불에 걸린 나비를 보고 가시를 헤치고 들어가 나비를 구해 주었습니다. 나비는 자신의 목숨을 구해 준 소녀에게 무언가를 해 주고 싶었습니다.

"네가 원하는 걸 무엇이든 다 들어 줄 테니 소원을 말해 봐."

"정말? 음…… 난 행복하게 살고 싶어."

"그럼 이렇게 살렴."

나비는 소녀의 귀에 몇 마디를 속삭였습니다. 그 후 소녀의 삶은 정말로 행복해졌습니다. 어른이 되고, 엄마가 되고, 할머니가 된 후에도 행복은 계속되었습니다. 사람들은 그녀에게 물었습니다.

"어떻게 하면 우리도 당신처럼 행복한 삶을 살 수 있습니까?"

그녀는 아주 어릴 적 나비가 자기에게 해 준 이야기를 들려주었습니다.

"행복이요? 별로 어렵지 않아요. 이 세상에는 완벽한 사람이 존재하지 않아요. 다시 말해서 누구나 도움이 필요한 법이죠. 누군가는 당신의 도움을 필요로 합니다. 그들에게 필요한 존재가 되어 주면 됩니다."

행복의 완성은 내 것을 채우는 삶이 아닌 다른 사람의 마음을 채우는 것입니다.

아이가 아침을 먹으며 묻습니다.

"엄마, 엄마는 행복해?"

"밥 먹어. 밥 먹을 때 말하지 말라고 했지? 네가 빨리 먹고 늦지 않게 학교에 가면 엄마는 행복해."

드라마에 빠져 있는 엄마에게 아이가 다가와 묻습니다.

"엄마, 엄마는 행복해?"

"엄마 지금 드라마 보고 있잖아. 엄청 중요한 순간인데 저기서 뭐라 하는지 하나도 못 들었어. 엄마는 TV 볼 때 아무도 말 안 시키면 행복해."

우리는 행복해지는 데에 참으로 많은 조건이 필요합니다.

만약 아이가 밥을 먹다가, 엄마가 TV를 보는 모습을 지켜보다가, 숙제를 하다가, 걷다가 "엄마, 엄마는 행복해?"라고 묻는데 우리가 1초도 망설이지 않고 "엄마? 당연히 행복하지."라고 대답할 수 있다면, 아이가 다시 "뭐가 행복해?"라고 물을 때 "네가 엄마 아들(딸)이어서." 또는 "엄마여서."라고 대답할 수만 있다면 아이는 같은 질문을 다시 하지 않을 거예요.

대신 나로 인해 행복한 엄마를 위해서 자신에게 주어진 시간을 열심히 살아 내지 않을까요?

우리가 주고 싶은 행복은 어떤 모습인가요? 용돈을 넉넉히 주고, 명품 옷을 입혀 주고, 고급스러운 음식들을 먹여 주고, 비싼 과외를 시켜 주고, 때마다 해외로 여행을 가는 것? 그럼 정말 우리 아이들의 행복은 보장되는 건가요?

거울을 보고 이야기한다고 해 봅시다.

"거울아, 좀 웃어 줄래? 그렇게 인상을 쓰고 다니니까 보기에 좋지 않아."

"거울아, 매력적인 표정을 지어 봐. 첫인상이 얼마나 중요한데."

하지만 거울은 있는 모습 그대로를 비춰 줄 뿐, 절대로 우리가 원하는 나의 모습으로 만들어 주지 못합니다.

우리는 '거울 부모'입니다. 아이들은 우리의 모습을 통해서 자신의 정체성을 만들어 갑니다.

혹시 엄마처럼, 아빠처럼 살지 않겠다고 결심한 적이 있나요? 지금, 그 결심대로 살고 있나요?

"엄마처럼 살지 말라고 너 학원 보내고, 이렇게 잔소리하는 거잖아. 엄마는 안 행복하지만 너는 행복한 사람 되라고."

이제 왜 말이 안 되는지 알겠나요? 우리는 보고, 듣고, 경험한 만큼만 살아가기 때문이에요.

어린 시절 부모에게서 정서적·신체적 학대를 많이 받고 자란 수아 씨는 좋은 엄마가 되고 싶었습니다. 결혼과 좋은 엄마가 되는 것은 수아 씨에게 인생 최고의 목표이자 최종 목적지였습니다.

첫딸을 낳았는데 생각보다 사랑스럽지 않았고, 사랑을 주는 일이 어려웠습니다. 사랑을 주다가도 문득문득 억울한 생각이 밀려왔습니다.

'왜 나는 사랑받지 못했을까?'

'내가 뭘 그렇게 잘못했다고!'

억울함은 이내 분노로 바뀌었고, 분노의 감정은 아무것도 모르고 아무 힘도 없는 어린아이의 몫이 되었습니다.

그러던 어느 날 수아 씨는 직장에서 제 강의를 듣게 되었고, 문제는 아이가 아니라 자신에게 있다는 것을 알게 되었습니다.

아는 것은 쉬운데 하는 것은 참으로 어렵습니다. 3년이라는 긴 시간 동안 실수하고, 다시 시작하기를 반복하던 수아 씨는 용기를 내서 아이에게 편지를 썼습니다.

사랑하는 내 딸 ○○에게

미안해.

엄마 때문에 많이 아팠지? 많이 힘들었지?

이렇게 시작된 편지는 수아 씨가 기억하는 일들을 하나씩 써 내려가며 잘못을 고백했고, 편지는 "미안해, 사랑해."로 마쳤습니다.

편지를 읽는 수아 씨는 내내 눈물을 쏟았고, 엄마의 편지를 듣는 아이의 눈에서도 하염없이 눈물이 흘렀습니다. 엄마의 목소리가 멈추자 어린 딸이 다가와 엄마를 꼬옥 안아 주더랍니다. 소리 없이 그렇게 엄마를 안고 한참을 울던 아이가 나지막이 이야기했답니다.

"엄마, 울지 마세요. 저는 엄마가 저 때문에 울지 않으면 좋겠어요. 엄마가 말한 거 저 하나도 기억 안 나요. 다 잊어버렸어요. 엄마, 저는요. 그냥 엄마가 행복했으면 좋겠어요."

우리가 아무것도 바라지 않고 아이의 행복만을 바라고 있을 때 우리 아이들도 우리처럼 아무것도 바라지 않고 오직 부모의 행복을 바라고 있었네요. 아니, 어쩜 우리보다 더 간절한 마음으로 우리의 행복을 바라고 있는지도 모르겠습니다.

부모의 행복한 기운이 흘러야 담을 수 있을 테니까요.

책을 읽고, 강연을 들으면 새로운 결심을 하게 되고, 깨달음을 얻게 되어 아주 조금, 잠깐 달라진 내 모습을 볼 수 있습니다. 하지만 작심삼일도 힘듭니다. 자녀의 문제에 있어서는 말이지요.

"내가 진짜 좋은 엄마 좀 되어 보려고 했는데 너 때문에 안 되겠다. 네가 말을 잘 들으면 엄마도 그때 좋은 엄마가 될 거야."

그때가 오긴 올까요?

그런데 괜찮습니다. 실수를 아는 것, 그리고 그 실수를 조금씩 줄여 가는 것. 그것이 바로 좋은 부모의 시작입니다.

지금 행복하지 않으면 언제부터 행복하실 예정인가요?

다이어트? 어차피 내일로 미루어야 하잖아요.

집 사는 거? 어쩌면 포기해야 하는지도 모르겠네요.

노후 대책은 노(NO)대책.

영어 정복? 일단 집 앞에 있는 산부터 정복해 보고요.

그런데 절대로 미루면 안 되는 게 있어요.

바로 '행복한 부모 되기'입니다.

엄마여서 행복하고, 아빠여서 행복한 부모들이 많아진다면 청소년 자살률 1위, OECD 국가 중 청소년 행복 지수 꼴등, 이런 오명에서 벗어날 수 있지 않을까요?

지금 한번 자신에게 물어보세요.

"너 행복하니?"

"당연하지."

"왜? 뭐가 행복한데?"

"엄마니까."

우리가 선택하는 만큼 아이들은 행복해집니다.

지금 외쳐 볼까요?

"나는 지금 행복을 선택한다."

최선을 다했다고!

온 마음을 다해 눈물 흘리는 방법을 모르는 사람이라면
진심으로 웃는 방법 역시 알지 못한다.
_골다 메이어(이스라엘의 정치인)

들판을 거닐던 사자는 소의 매력에 빠졌습니다. 용기를 내어 소에게 청혼합니다.

"나랑 결혼해 준다면 당신을 세상에서 가장 행복하게 해 줄게요."

소는 망설일 이유가 없었어요. 밀림의 왕 사자와의 결혼, 생각만 해도 굉장하잖아요. 사자는 눈만 뜨면 들판으로 나가 노루·토끼·사슴 등을 잡아서 소에게 내밀었습니다. 소도 아침 일찍 들판으로 나가 온갖 풀들을 뜯어 사자에게 바쳤습니다.

"고기 먹기 전에 샐러드는 어때요?"

"먹을 수가 없어."

"널 위해 준비한 거야. 한 번만 먹어 봐. 먹어 보면 다를 거야."

그렇게 둘은 서로를 위해 가지고 온 고기와 풀을 바라만 볼 뿐 먹을 수가 없었습니다. 몸은 점점 말라 가고 병들어 갔습니다. 사자는 또다시 용기를 내었습니다.

"우리 그만 헤어집시다. 당신과 살다가는 내가 죽을 것 같아."

"나도 말하려던 참이었는데 잘됐군요."

꽝! 꽝! 도장을 찍고 돌아서려는데 억울한 마음이 몰려왔습니다. 사자가 소리칩니다.

"당신, 이것만은 기억해. 난 당신을 위해서 최선을 다했다고!"

"아이고, 누가 할 소리를! 나 역시 당신을 위해서 최선을 다했다고요!"

그렇습니다. 둘은 정말 최선을 다했습니다. 그런데 뭐가 문제였을까요? 대한민국 부모들은 자녀를 위해서 참으로 최선을 다합니다. 우리도 생선 몸통 좋아하고, 졸릴 때 자고, 일어나고 싶을 때 일어나고, 아무것도 하고 싶지 않은 날은 그냥 멍 때리고 있고 싶고, 화장실에서는 느긋하게 문 닫고 볼일을 보고, 식사 시간 엉덩이를 떼지 않고 끝까지 앉아서 음식의 맛을 느끼며 여유 있고 우아하게 식사도 하고 싶고, 최신 심야 영화도 보고, 포장마차에서 우동도 한 그릇 먹고, 밤바람도 좀 쐬고 싶죠.

이런저런 것들 다 포기하고 자식 하나만 바라보고 최선을 다했는데, 혹 10년 뒤, 20년 뒤…….

"그래서 엄마가 날 위해서 뭘 해 줬는데?"

"누가 그렇게 살라고 했어?"

"날 위해서 그런 거야? 엄마 욕심 때문 아니었어?"

"난 학원도, 공부도, 대학도 아무것도 선택할 수 없었다고!"

이런 이야기를 듣는다면 어떨까요?

"나도 최선을 다했다고! 못 먹고, 못 자고, 하고 싶은 거 다 포기하면서 널 위해서 최선을 다했다고."

배낭이라는 걸 소풍 갈 때나 메고 다녔던 시절, 평상시 등교할 때 고집스럽게 배낭을 메고 다니던 학생이 있었답니다.

"학생답지 못하다."

"그게 공부하는 학생이 메는 가방이냐?"

"넌 소풍 왔냐?"

아이를 위한다는 명목 아래 계속되던 충고와 비난, 훈계로 그 학생은 결국 학교를 그만두었답니다.

"지금 생각하니 그 가방이 뭐라고……. 요즘 아이들 메고 다니는 가방이 다 그 가방이에요. 그 가방만 보면 그때 그 학생이 생각나요."

어느 퇴임하신 교감 선생님의 눈물 어린 고백이었습니다.

청소년 자살률이 1위입니다. 매일 한 명 꼴로 청소년들이 목숨을 끊는다는 보도를 본 적이 있습니다. 학교 밖 아이들은 점점 늘어나고, 갈 곳을 잃고, 삶의 방향을 잃고, 방황하는 아이들은 점점 많아지고 있습니다. 대한민국 청소년 행복 지수는 5년째 OECD 국가 중 최하위입니다. 자식의 명문 대학 입학을 위해서라면 양잿물도 마시겠다는 웃기지만 슬픈 이야기도 종종 들려옵니다.

최선이란 내가 주고 싶은 사랑의 양이나 질이 아니라 자녀가 원하는 사랑의 양과 질이 합의가 이루어졌을 때 주어지는 선물 아닐까요?

학교에서 돌아온 아이가 아이스크림 한 개를 사 들고 옵니다.

"웬 아이스크림이야?"

"엄마가 지난번에 아이스크림 먹고 싶다고 했잖아. 그게 생각나서……."

또 다른 상황을 생각해 볼까요? 생일 선물을 받은 아들이 환호성을 지릅니다.

"엄마, 대박! 이거 갖고 싶었는데, 어떻게 알았어?"

"친구랑 통화하는 걸 우연히 들었어. 맘에 들어?"

'최선'의 사전적 의미는 '가장 좋고 훌륭하다'입니다. 관계에서 가장 좋고 훌륭한 것은 무엇일까요? 서로의 마음을 기억하고 표현해 주는 것이겠지요. 우리가 하고 있는 최선의 노력에 우리 아이들이 줄 수 있는 최선의 보답은 10년 뒤, 20년 뒤 "엄마, 아빠! 저 이렇게 좋은 사람으로 잘 키워 주셔서 감사해요." "다시 태어나도 엄마의 아들로, 아빠의 딸로 태어나고 싶어요." "내가 받은 가장 큰 복은 우리 부모님을 만난 거예요." "내가 이렇게 잘된 건 부모님께서 열심히 살아 주신 덕분이죠." 이 한마디가 아닐까요?

사랑하는 만큼 보입니다.
사랑하는 만큼 들립니다.
결국 우리는 사랑하는 만큼 살아가게 됩니다.

당신의 행복은 얼마입니까?

당신이 인생의 행복을 추구한다면,
당신은 원하던 것보다 더 큰 것을 이뤄 낼 수 있다.
_오프라 윈프리(미국의 방송인)

시장에서 보자기를 펴고 채소를 파는 할머니가 계셨습니다. 당근만을 단출하게 파는 할머니에게 한 손님이 왔습니다.

"할머니 이 당근 하나에 얼마입니까?"

"오백 원입니다."

손님은 조금 싸다고 생각했는지 계속 물었습니다.

"두 개는 얼마입니까?"

"천 원이지요."

"세 개는 얼마입니까?"

"천오백 원입니다."

손님은 다시 물었습니다.

"많이 사도 깎아 주질 않는군요. 하지만 여기에 있는 당근을 모두 다 사면 싸게 해 주시겠죠?"

할머니는 정색을 하며 말씀하셨습니다.

"전부는 절대로 팔지 않습니다."

손님은 다 사 준다는데 팔지 않겠다는 할머니가 이상하게 생각되었습니다.

"아니, 전부 다 팔아 주고 제값을 드린다는데 왜 못 파시겠다는 겁니까?"

할머니는 조용하고 낮은 목소리로 대답하셨습니다.

"돈도 좋지만 저는 지금 제 일을 사랑하고 있기 때문이지요. 나는 이 일과 이 시장을 사랑합니다. 활기차게 하루를 살아가는 시장 사람들을 사랑하고, 지나가는 사람들이 건네는 인사를 사랑하고, 가난한 주머니 사정 때문에 조금 더 싸게 사려고 흥정하는 사람들을 사랑하고, 오후에 따스하게 시장 바닥을 내리쬐는 햇살을 사랑하기 때문이지요. 지금 당신이 이것을 몽땅 다 사겠다는 것은 이토록 사랑하는 나의 일과 나의 하루를 몽땅 빼앗아 가는 것이기에 나는 결코 전부를 팔 수 없는 것이라오."

나를 사랑한다는 건 내가 가진 걸 사랑하는 것이고 내가 하는 일을 사랑하는 것입니다. 어떤 일을 하느냐가 그 사람을 말해 주는 것이 아니라 어떻게 일을 하느냐가 그 사람을 말해 주니까요. 나의 가치는 내가 가지고 있는 소유의 크기나 내가 받는 연봉, 남편의 명예, 자녀의 대학 간판이 아닙니다. 나의 가치는 내가 정하는 만큼입니다.

일자리가 없다고 하지만 여전히 우리는 나를 좀 더 그럴듯하게 포장해 줄 아우라를 찾아 두리번거립니다. 나의 명함을 만들어 줄 그곳, 또는 좀 더 화려한 무대, 좀 더 크고 웅장한 무대를 말이지요. 하지만 무언가에 의해 만들어진 아우라는 그것을 놓으면 다시 제로가 됩니다. 자신의 이름 세 글자로 아우라가 만들어져야 그때부터 우리 인생은 진짜 플러스가 되는 겁니다.

꿈도 많고, 참으로 화려했던 우리들입니다. 그런데 지금은 누구누구의 엄마로 살아가느라 꿈도, 낭만도, 여유도 다 잃어버린 것 같아 슬프고 외로울 때가 있습니다. 내가 없는 것 같아서 말이지요. 그런데 내가 없어진 게 아니라 또 다른 내가 생긴 거라 생각해 보세요.

아이를 가만히 들여다보세요. 그 안에 내가 있습니다. 그래서 군데군데 무서울 때도 있죠?

"자고 나면 내 옆에 아이가 없어졌으면 좋겠다는 생각을 해요. 아이랑 살아갈 저의 인생이 너무나 끔찍해요. 학교에서도, 동네에서도 이 아이 때문에 너무나 창피해서 살 수가 없어요. 얘만 없으면 우리 가족은 참 편안할 것 같은데……. 같이 죽을까도 생각해 봤어요. 그럼 남은 식구들이라도 행복하지 않을까요?"

연애할 때 어땠나요? 늘 행복하고 즐거웠나요? 그렇지 않을 때도 있었지요. 그럼에도 불구하고 우리는 사랑을 포기하지 않았습니다. 울고, 웃기를 반복하고, 확신도 없는 약속을 하고, 깨기를 반복하고, 헤어지고 만나기를 반복하다가 결국 '결혼'이라는 골인 지점에 들어와 있네요.

지금보다 더 나아질 거라는 희망은 상대가 준 것이 아니라 내가 선택한 것이지요.

그 어디서도 줄 수 없는 단 하나의 명함, 엄마.

나의 가치를 새롭게 디자인해 주고, 나를 날마다 업데이트해 주는 단 하나의 이름, 엄마.

엄마라는 이름에 그 누구도 감히 값을 매길 수 없도록 우리 아이들의 성공이 나의 수고를 어떻게 빛나게 해 줄까를 기대하지 말고 나로 인해 우리 아이들의 인생이 날마다 빛나기를 기대하며 우리에게 맡겨진 엄마의 일을 사랑하고 즐겨 보세요.

"갈매기가 되고 싶지 않아? 난 지금처럼 여자로 태어나지 않았다면 갈매기가 되고 싶어. 해 뜰 때 일어나 바다 위를 가르며 하루 종일 푸른 바다 위를 나는 거야."

빨간 머리 앤의 이야기입니다.

"난 다시 태어나도 엄마가 되고 싶어. 해 뜰 때 일어나 아이를 꼭 안아 주고 하루 종일 아이들을 생각하며 아이들과 함께 신나는 하루를 보낼 거야."

꿈 같은 이야기인 줄 알지만 그래서 오늘도 으리는 꿈을 꿉니다. 다시 태어나도 엄마가 되는 꿈을요.

행복 스위치를 켜고

기쁨을 누리는 사람은 그것을 누군가와 함께해야만 한다.
행복은 원래 두 사람의 몫으로 태어났기 때문이다.
_조지 고든 바이런(영국의 낭만파 시인)

결혼은 왜 할까? 판단력이 부족해서
이혼은 왜 할까? 이해력이 부족해서
재혼은 왜 할까? 기억력이 부족해서

인터넷에 떠도는 우스갯소리입니다. 누군가와 함께한다는 것은 참 신나고 설레는 일입니다. 만나고 헤어지고를 반복하는 인생이지만 언제나 시작에는 설렘과 기대감이 있습니다.
'우리는 생각이 같아서······.'
이때 '생각이 같아서'를 조심해야 합니다. 생각이 같아서가 아니라 마음이 연결되는 방법을 조금씩 배워 가고, 사용할 수 있어야 합니다. 시간이 지나면 설렘이 사라지는 게 아니라 익숙함이라는 편안한 상태로 변화하는 것입니다. 처음 느낌 그대로 마지막까지 한결같을 수 없다는 걸 우리는 너무나 잘 압니다. 산도 넘고, 강도 건너고, 파도도 이겨 내야 하니까요.

하지만 서로가 서로를 존중하고, 서로의 다름을 인정하고, 함께 가야 하는 이유가 분명해서 넉넉하게 마음을 나눌 수만 있다면, 험한 산도, 넓은 강도, 거친 파도도 충분히 이겨 낼 수 있을 거라 생각합니다.

숨을 쉬고 있지만 숨이 막히고, 말을 하고 있지만 청자가 없는 듯한 공허함, 그 공허함 속에 부부라는 이름으로, 가족이라는 이름으로, 우리는 '따로 또 같이' 살아가고 있네요.

가족의 형태가 다양해지고 있습니다. 가족의 형태가 중요한 게 아니라 어떤 부모가, 얼마만큼 준비된 부모가 아이를 키우느냐가 중요합니다.

"저는 미혼모예요. 행복해질 수 없어요."

"저는 싱글맘이에요. 행복은 이미 포기했어요."

"우리 아이는 안돼요. 제 팔자가 그렇지요."

"저는 부모님이 보육원에 버리셨어요. 더 이상 불행해질 수도 없어요."

남들의 시선 때문에, 혹은 어떤 조건 때문에 스위치를 켜지 못하고 망설이고 있다면 이제 당당히 스위치를 켜세요. 깜깜한 방에 들어가면 제일 먼저 스위치의 위치를 찾지, 스위치를 켜 줄 사람을 찾지는 않습니다. 나의 행복이 어디에 있는지는 내가 찾아야 합니다.

불을 켰는데 "깜깜해서 놀랐지? 무서웠지?" 하고 공감해 줄 누군가가 있다면 금상첨화겠지요.

캐서린 레이너의 『내 웃음 어디 갔지?』라는 동화가 있습니다.

동화의 주인공 호랑이, 이름은 아우구스투스입니다. 웃음을 잃은 아우구스투스는 웃음을 찾으러 갑니다. 산 위에도 올라가고, 숲속을 살펴보기도 하고, 바닷속에도 들어가 보지요. 그렇게 웃음을 찾고 있는데 빗방울이 떨어지기 시작했어요. 그래도 아우구스투스는 빗속을 뛰어다니며 한참 웃음을 찾아다녔습니다. 그러다 물웅덩이에 비친 웃고 있는 자신의 모습을 보게 되었어요.

그리고 아우구스투스는 깨달아요. 행복할 때면 언제나 웃음이 함께한다는 것을요. 바닷속에서 물고기와 헤엄을 치고, 웅덩이에서 춤을 추고, 산꼭대기까지 올라 세상을 보면 되는 거였어요. 행복은 그 모든 곳에 있었거든요.

또래 관계에 어려움을 겪고 있는 중학교 1학년 친구들과 수업을 할 때의 일입니다.

"언제 행복하다는 기분을 느끼니?"

조용하던 여학생이 조심스레 입을 엽니다.

"엄마가 아침에 학고에 가는 저를 보시면서 '공부 못해도 괜찮아. 엄마는 네가 제일 소중해.' 이렇게 말해 주실 때요."

제 입에서 '우아' 하고 감탄사가 나오켜는 순간 대각선에 앉아 있던 남학생이 삐딱하게 앉아서 소리를 칩니다.

"야! 그거 다 개뻥이야! 엄마들 아침에 기분 좋을 때는 다 그래. 그래 놓고 시험 못 보면 난리를 쳐. 뭐가 되려고 그러냐고. 누굴 닮아서 그러냐고."

웃어야 할지, 울어야 할지 대략 난감했습니다. 우리 모두는 행복할 자격이 없는 게 아니라 행복해지는 방법을 모르고 살아갈 뿐입니다. 행복해야만 하는 조건이 있는 게 아니라 행복해지는 연습이 필요합니다.

손바닥에 '세상'이라고 써 보세요. 세상이 어디 있나요? 내 손바닥에 있어요. 그러니 쫄지 마세요. 더디 가도 괜찮습니다. 계획한대로 되지 않아도 괜찮습니다.

영원히 멈추지만 말고 조금 쉬었다가 다시 출발하면 되고, 안 되면 될 때까지 방법을 달리해서 다시 시작하면 되니까요.

내 손으로 내 인생의 스위치를 켜는 순간, 언제나 그때가 시작이라는 걸 기억하면 좋겠습니다.

  이제 다시 손바닥에 '행복'이라고 써 볼까요? 행복이 어디 있나요? 내 손바닥 안에 있습니다. 그런데 움켜쥐면 보이지 않아요. 행복이 담긴 손을 펴서 누군가의 손을 잡아 준다면 그렇게 행복이 전해지고 이어질 거예요. 출발은 언제나 '나'라는 걸 기억하면 좋겠습니다.

자판기가 아니라고요

행복은 단지 이상적인 환경에서
수동적인 경험을 한 것만으로는 생기지 않는다.
스스로 가치 있게 생각하는 목표를 추구하는 과정에서 얻을 수 있다.

_에드 디너(미국의 심리학자)

지하철을 기다리면서 커피 자판기를 찾았습니다. 밀크 커피를 꾸욱 눌렀는데 안내 음성이 들리네요.

"손님, 밀크 커피는 살쪄요. 블랙으로 드세요."

"손님, 5일 뒤에 밀크 커피를 찾으러 오세요. 지금은 커피를 마실 때가 아닌 것 같군요."

커피 자판기가 자판기다우려면 누르면 바로, 즉시, 커피가 나와야 합니다.

하지만 우리 아이들은 자판기가 아닙니다.

"빨리 밥 먹어."

버튼을 누르니 아이가 밥을 후루룩 마십니다.

"TV 끄고 들어가서 숙제해."

버튼을 누르니 TV를 끄고 방으로 뛰어 들어가 책상에 앉더니 숙제를 시작합니다.

"눈물 닦고 예쁘게 말해."

버튼을 누르니 눈물을 훔치고 활짝 웃으며 밝은 목소리로 이야기를 합니다.

인간은 모두 '자유의지'를 가지고 있습니다. 다시 말해 우리 아이들도 자신의 행동을 스스로 결정하고, 조절하며 통제할 수 있는 힘이나 능력을 지녔단 의미입니다.

"요즘 아이들은 말이야……." 하며 혀를 차거나 고개를 갸웃거리는 어른들이 많습니다. 아이들이 문제나 갈등 앞에서 지나치게 극단적인 방법으로 해결하는 모습을 보고 '우리 때는 저러지 않았는데…….' 하는 아쉬움이 남습니다.

청소년 자살률이 해마다 증가합니다. 더 심각한 건 초등학교 3학년 이상의 아이들의 자살률이 증가하고 있다는 사실입니다. 끝없는 경쟁 속에서 살아남기가 어렵고 힘이 든다는 건 이제 전 세대가 모두 공감하는 듯합니다. 때로는 죽고 싶은 생각이 들기고 하고, 다 포기하고 싶은 생각도 들고, 화가 나서 누군가를 괴롭히고 싶은 생각이 들기도 합니다. 우울하고 무기력해져서 아무것도 하고 싶지 않을 때도 있습니다.

미래에 대한 불안감 때문에 슬프기도 합니다. 문제는 이런 생각이나 감정이 아닙니다. 이런 생각이나 감정은 지극히 자연스러운 것입니다. 힘들어서, 속상해서, 화가 나서, 불안해서, 우울해서……. 문제는 이런 감정을 일으키는 상황 속 우리의 자세입니다. 힘들고 지친 상황에서 왜 우리 아이들은 더 좋은 걸 선택하지 못할까요? '죽을까? 살까?'가 아니라 '어떻게 살까?'를 왜 질문하지 못하는 걸까요?

오랜만에 친구를 만나 새로 오픈한 돈가스 집을 찾았습니다. 너무 맛있는데 그 순간 학교에서 열심히 공부하고 있는 아이들이 떠오릅니다.

주말에 아이들과 함께 와야겠다 다짐하고 주말이 되자 아이들을 데려와 "여기 엄마가 ○○ 이모랑 왔었는데 치즈 돈가스가 진짜 맛있다."라며 치즈 돈가스 2인분을 시킵니다.

먹음직스러운 치즈 돈가스가 눈앞에 펼쳐졌는데, 아이는 "나는 치즈 돈가스 싫은데……. 그냥 물 말아서 단무지랑 먹을래요."라고 합니다.

이쯤 되면 엄마의 눈에서는 레이저가 나오고, 조용하고 낮은 목소리의 미사일이 발사되죠.

"엄마는 너 사 주고 싶어서 일부러 온 건데, 앞으로 돈가스 먹으

싶다는 말만 해 봐."

다른 예를 들어 볼까요? 밖에는 눈이 펑펑 내리는데 유치원 가는 딸이 하늘거리는 망사 원피스를 입고 해맑은 얼굴로 나옵니다.
"오늘 친구들하고 공주 놀이 하기로 했어."
"지금 밖이 얼마나 추운데! 그건 여름에 입는 거야. 얼른 벗어."
"우리 교실은 덥단 말이야."
"엄마가 벗으라고 했어. 무슨 공주가 이렇게 말을 안 들어. 하나, 둘, 셋!"

맛있는 거 먹이고 싶고, 좋은 걸 주고 싶은 게 엄마의 마음입니다. 그런데 사랑이라는 이름으로 우리는 너무 자주 명령 버튼을 누르고 우리의 생각대로 아이를 조종하고 있지는 않나요? 그 사이에 우리 아이들은 선택하고 결정할 기회를 잃어버리고 있습니다.

음식을 맛있게 하는 방법을 아무리 여러 번 들었어도 직접 만들어 보지 않으면 요리할 수 있다고 말할 수 없지요. 아이들도 자신이 선택하고 결정하고 경험하는 과정을 통해 더 좋은 걸 얻게 되는 방법을 찾아내야 합니다.

1년에 10만 킬로미터를 달리는 제게 가장 고마운 건 다름 아닌 내비게이션입니다. 막히는 도로까지 실시간으로 알려 주니 저는 아무 생각 하지 않고 내비게이션만 따라가면 되는 거죠. 문제는 가까운 거리를 이동할 때도, 늘 가던 길을 갈 때도 내비게이션이 없으면 가지 못한다는 사실입니다.

고3 때 제 딸은 만만하게 생각했던 스시 다섯 군데를 보기 좋게 낙방했습니다. 과에 너무 집착하지 말고, 전과가 가능한지 혹은 복수 전공이 가능한지 알아보면 어떻겠느냐고 조언을 했지만 자기 생각대로 원서를 넣었고, 결과는 참패였습니다.

"엄마, 세상이 그렇게 만만하지가 않네. 이것도 다 경험이지. 내가 만약 재수를 했다면 과를 좀 낮췄거나 다른 방법을 찾았겠지. 처음이니까 그렇지. 동생은 내가 확실하게 가르쳐 줄 수 있어."

인간은 자신의 선택에 대해 책임지려는 본능이 있습니다. 어른들이 "요즘 아이들은 책임감이 없어."라고 말합니다. 하지만 우리 아이들이 자신의 인생에 책임지지 않는 이유는 많은 선택을 부모가 대신해 주고 있기 때문입니다. 책임감이 없는 게 아니라 책임질 일이 없는 거죠.

네 살 난 아들이 스마트폰 게임을 하다가 'FAIL'이라는 글자가 화면에 뜨자 박수를 치며 좋아하더랍니다.

곁에 있던 엄마가 "이게 무슨 말인지 알고 좋아하니?"라고 물으니 "실패잖아요."라고 대답했습니다.

"그런데 왜 좋아해?"

"실패는 다시 시작하라는 거예요."

우리 인생에 실패는 없습니다. 다시 하라는 기회가 주어질 뿐입니다.

이제 우리 아이들에게 버튼 누르기를 멈추고, 기다려 주면 좋겠습니다. 믿어 준다고 우리가 기대한 만큼 다 잘해 내지는 못할 겁니다. 그런데 믿어 주지 않으면 아무것도 할 수 없는 아이가 될 것입니다.

 이렇게 하세요

계절에 맞지 않는 옷을 입겠다고 떼쓸 때 이렇게 하세요.

유치원 연령기의 자녀가 있다면 아마도 자주 일어나는 상황일 거라 생각합니다. 한겨울에 망사 옷을 입는다고 고집을 피우거나, 한여름에 목도리와 장갑을 끼고 간다고 하거나, 엄마가 생각하기에 상의와 하의가 전혀 어울리지 않는 옷을 입겠다고 고집을 피우는 아이들이 있지요. 혹은 매일 같은 옷만 입겠다고 하는 아이도 있습니다.

아이들의 의견을 수용하지 못하는 이유가 무엇인가요? 진짜 아이를 위한 건가요? 다른 사람들의 눈을 의식해서인가요?

아이가 한겨울에 망사 옷을 입겠다 하면, 그냥 그렇게 입혀 주세요.

"그렇게 입으면 좀 추울 것 같은데 괜찮을까?"

"유치원(어린이집)은 안 추워요."

다음 날 더 시원한 여름 옷을 꺼내 주세요. 얇은 옷으로 인한 불편함을 직접 체험한다면 더 이상 입지 않을 거예요.

같은 옷을 입는다면 자주 세탁해 주세요. 아이 스스로 다른 옷을 입고 싶어 할 때까지 어떤 꼬임의 말도, 비난의 말도 하지 마세요. 이 시기에는 엄마의 말보다 또래의 평가가 중요하게 여겨지는 시기이므로 친구들이 자신의 모습을 수용해 준다면 아무 문제가 없다고 생각합니다. 입히지 마시고, 스스로 선택해서 입도록 기회를 주세요.

너 잘되라고 그러는 거야

남에게 듣기 싫은 성난 말은 하지 말라.
남도 그렇게 너에게 대답할 것이다.
_공자(중국의 사상가)

    인디언의 한 부족은 나무를 죽일 때 베지 않고, 온 부족이 모여서 그 나무에게 저주를 퍼붓는다고 합니다. 그러면 나무는 얼마 되지 않아 시름시름 말라 죽는다고 하네요.

    우리도 저주의 말은 아니지만 상처 주는 말을 자주 하곤 하죠.

"몇 번을 말했니?"

"생각이 있니, 없니?"

"누굴 닮아서 그래?"

"내가 그럴 줄 알았어. 네가 하는 게 그렇지 뭐."

"엄마라고 부르지도 마. 너 같은 딸(아들) 둔 적 없어."

"바보니?"

"다른 애들 좀 봐. 형아(동생) 좀 봐라."

"답답해서 미치겠어. 빨리빨리 좀 해."

"공부나 해."

"도대체 뭐가 되려그 그러니?"

"언제 사람 될래?"

"잘하는 게 뭐니?"

이런 가짜 신고 전화, 한 번씩은 다 해 보셨죠?

"여보세요. 거기 경찰서죠? 네, 여기 일곱 살인데요. 동성을 자구 때리고 엄마한테 소리를 지르는 아이가 있네요. 아, 지금 출동하신다고요? 네, 알겠습니다. 기다리겠습니다."

상황이 파악된 아이는 두려움과 공포로 고래고래 소리를 지르며 안 가겠다고, 다시는 안 그러겠다고 통곡을 합니다.

"엄마도 몰라. 이미 출동하셨을걸?"

그런데 마침 순찰 나온 지구대 순찰차 소리가 들려옵니다. 신고한 척한 엄마도 놀라서 창밖을 내다봅니다.

"아, 여기여요. 5층으로 올라오세요."

"잘못했어요. 안 그럴게요. 앙~ 엄마."

순찰을 마친 경찰차의 소리가 조금씩 멀어집니다.

"아, 다음에 오신다고요? 네, 연락 드릴게요."
"엄마, 감사합니다. 흑흑흑……."

우리 어릴 때에도 부모님께 참 많이 들었습니다.
"너 그럴 거면 나가!"
그런데 그 시절에는 딱히 나갈 곳이 없었습니다. 버티거나 무조건 빌거나 둘 중의 하나만을 선택할 수 있었지요. 요즘은 어떤가요? 안전한 곳이 너무 많아요. 그래서 이렇게 말하죠.
"나가면 될 거 아니에요!"
아이가 그렇게 나가 버리면 또 화가 납니다.
"이 녀석이 나가라고 한다고 진짜 나가?"
뭘 어쩌라는 건지요. 나가라는 겁니까, 나가지 말라는 겁니까?

늦둥이로 귀하게 얻은 하나밖에 없는 딸을 애지중지 키운 한 어머님은 공부를 잘하는 딸은 일찌감치 포기하고 딸이 학생답게 자라 주기만을 기대했습니다. 그런데 딸은 중학생이 되면서부터 점점 짧아지는 교복 치마며, 짙어지는 화장, 연락도 없이 늦어지는 귀가가 잦아졌고, 걱정은 불안으로, 불안은 분노로 쌓여 가고 있었습니다. 그날도 밤늦게 들어온 딸을 보자마자 쌓였던 감정이 터져 버렸습니다.

"당장 나가! 네 멋대로 살아. 엄마도 이제 지쳐버. 나가서 고생을 좀 해 봐야 네가 정신을 차리지!"

그렇게 쏟아붓고는 깜빡 잠이 들었고, 새벽에 잠이 깼습니다. 후회스럽고, 걱정도 되고, 미안한 마음이 들었던 엄마는 살그머니 잠자는 딸의 방문을 열었습니다. 그러나 딸은 보이지 않았습니다.

'설마 진짜 나간 건가?'

아침이 되기를 기다렸다가 여기저기 연락을 해 보았지만 딸의 행방을 알 수 없었습니다.

'그래, 네가 이기나 내가 이기나 한번 해 보자.'

'혹시 무슨 일이 있는 건 아닐까?'

'나가서 고생 좀 해 봐야 집이 좋은 걸 알지. 이참에 고생 좀 해 보라지.'

'세상이 험한데……. 어떻게 된 건 아닐까?'

이틀을 기다리다 결국 경찰서에 실종 신고를 내고 나니 불안감은 더 커졌습니다.

사흘이 지나고, 나흘이 지나고…….

'들어오기만 해 봐! 아주 그냥!'이었던 마음은 '제발 들어오기만 해. 제발…….'이라는 간절함 하나로 모아지고 있었습니다.

일주일이 되는 날 밤, 경찰서에서 연락이 왔습니다.

"실종된 딸과 유사한 여학생이 접수되었습니다. 오셔서 확인해 보세요. 그런데…… 사망입니다."

운전을 할 수가 없어서 택시를 타고 가는 엄마는 하염없이 눈물을 쏟으며, 제발, 제발, 살아서 돌아오기만을 알고 있는 모든 신들께 빌고 또 빌었습니다.

다행히 딸은 무사히 귀가했고, 지금은 고등학생이 된 딸과 그때를 추억하며 울기도 하고, 웃기도 한다네요.

아이들을 야단치고 나서 기분이 상쾌하고 속이 시원한 엄마는 없을 거예요. 우리는 늘 반응하고 터트리고 후회하는 습관이 있지요. 울다가 울다가 설움에 겨워 잠든 아이를 보고 있노라면, 활발하던 아이가 기가 죽어서 구석에 처박혀 있는 모습을 보고 있노라면, '조금만 참을걸. 뭐 내가 화내고 싶어서 그런 건가. 다 잘되라고 그러는 거지. 화내는 거 좋아하는 사람이 어디 있어.' 하고 후회가 되어서 미안하기도 했다가 이내 미안함은 화로 바뀌고, 그야말로 머릿속은 뒤죽박죽입니다. 맞습니다. 다 내 아이 잘되라고 한 말입니다.

문제는 잘되라고 던진 말에 자국이 남는다는 거지요. 시계를 걸기 위해 못을 박았는데 위치가 마음에 들지 않아요. 못은 뺐는데 벽에 자국이 남았네요. 그래서 신중해야 하는 거죠.

종이를 구긴 다음 펴 보세요. 펴지긴 하지만 구겨진 흔적이 남습니다. 부모님들 마음에도 구겨진 종이 한 장씩은 모두 있을 거예요.

그런데 그건 부모님들의 몫이에요. 어른이 된 우리가 우리의 몫을 감당하지 못하고 아이들에게 흘려보내는 건 어른답지 못하다는 생각이 듭니다. 과거의 경험과 현재의 감정을 분리하고 그곳에서 독립해야 합니다.

완성된 파이만 행복인가요?

실수할 자유가 허락되지 않는다면
자유를 가졌다는 것이 무슨 의미가 있단 말인가.
_마하트마 간디(인도의 지도자)

건강을 잃은 사람들은 "나는 다 잃었어."라고 말하고, 일자리를 잃은 사람들은 "나는 다 잃었어."라고 말하고, 돈을 잃은 사람들은 "나는 다 잃었어."라고 말하고, 가족을 잃은 사람들은 "나는 다 잃었어."라고 말합니다.

하지만 그건 인생의 많은 파이 중 한 조각을 잃은 것이지 다 잃은 것은 아닙니다.

또한 잃어버린 파이 한쪽을 영원히 채울 수 없는 것도 아닙니다.

잃어버린 파이 한쪽에 마음을 둘 것인지, 남아 있는 파이에 마음을 둘 것인지 선택은 여러분의 몫입니다.

미혼모 시설에 강의를 다녀온 적이 있습니다. 중학생부터 20대 초반의 어린 엄마들을 만나 부모 교육을 진행하고, 힐링 캠프를 함께 다녀왔습니다. 일반적인 시선으로 바라보면 이 어린 엄마들은 한없이 안쓰럽고, 걱정스럽습니다.

'애가 애를 키우네. 쯧쯧.'

강의를 시작할 때 제 마음이 딱 그랬습니다.

'엄마한테 투정도 부리고 마음껏 학창 시절을 즐겨야지. 왜…… 어쩌다가…… 여기 있니…….'

집에 있는 딸의 얼굴이 겹쳐지면서 목이 메기도 했습니다.

강의하면서 둥글게 모여 앉아서 행복했던 순간들을 떠올리며 한 사람씩 이야기를 이어갔습니다.

"아이랑 눈을 맞출 때요."

"아이를 씻기고 나서 파우더를 발라 줄 때요."

"아이가 우유 한 통을 다 먹고 트림할 때요."

"아이가 저를 보고 웃어 줄 때요."

"저는 엄마가 일찍 돌아가셨어요. 그래서 친구들이 엄마라고 부를 때 정말 부러웠어요. 그런데 제 아이가 저를 보고 엄마, 하는데 세상을 다 얻은 것 같더라고요."

이야기를 들으며, 제 입은 웃고 있는데 눈에는 눈물이 가득했습니다.

강의를 마치고 자장면을 먹으러 갔습니다. 자장면이 나왔는데 한 엄마가 아이에게 젖을 먹입니다.

"자장면 불어. 먼저 먹고 먹여. 아기도 그 정도는 참을 수 있어."

"아니에요. 제가 강의 듣느라고 이미 많이 참았어요. 면은 불어도 괜찮아요."

어린데 엄마더라고요. 이건 누가 시킨다고, 가르쳐 준다고 되는 마음이 아닌 거예요. 그냥 엄마니까 가능해지는 마음들이 보였습니다. 아이를 보고 있으면 행복하고, 아이의 배고픔이 먼저고, 아이가 좋으면 그냥 좋은 엄마의 마음 말이에요.

그런데 식당 안에 있던 사람들이 어린 엄마들 무리를 자꾸 쳐다봅니다. 그리고 수군거립니다. 주변에서 이러면 누구라도 주눅이 들기 십상입니다.

하지만 나의 행복을 다른 사람이 정하도록 내버려 두지 마세요. 다른 이들의 행복을 나의 기준으로 함부로 정하지도 마세요.

"쟤는 아빠가 없대."

"누구네는 이혼을 했대."

"아이고, 어린 것들이 가만히 앉아서 공부나 하지."

그래서요? 그게 뭐 어쨌다는 건가요? 완성된 파이는 도대체 어떤 기준으로 만들어지는 걸까요? 우리의 인생에 완성된 파이가 있기는 한 걸까요?

눈에 띄게 기가 죽은 어린 엄마들을 다독이며 "서로를 안아 주며 우리 이렇게 이야기해 볼까? 괜찮아. 괜찮아. 괜찮아."라고 말하자 친구 같고, 동생 같고, 언니 같은 엄마들은 서로를 안아 주며 울먹거립니다. 그리고 낮은 목소리로 이야기합니다.

"괜찮아. 괜찮아. 괜찮아."

"우리는 누구나 실수를 해. 그럴 때 나에게 너무 모질게 소리치지 말고, 누군가의 위로를 기대하며 실망하지도 말고, 나에게 말해 주자. 괜찮아. 괜찮아. 괜찮아. 내가 괜찮아지면 세상도 괜찮아지거든. 그런데 같은 실수를 반복하는 거, 그게 진짜 인생의 가장 큰 실수야. 준비하지 않고 어린 나이에 엄마가 된 건 실수일 수 있지만, 이제 누구누구의 엄마로 살아갈 때는 실수를 좀 줄여 보자."

이 시점에 가지지 못한 것, 잃어버린 파이에 집착하고 괴로워하는 건 아무 의미가 없습니다. 이제 가진 것으로 어떻게 살아갈지를 고민해야 합니다.

인생에서 무엇을 잃어버렸다면, 혹 다른 이들은 다 있는데 나만 없다면, 저는 분명 그럴 만한 이유가 있다고 생각합니다.

2006년 4월 23일, 제 동생은 잠깐 만나고 싶다며 늦은 시간에 전화를 걸어왔습니다. 몹시 피곤했던 저는 만남을 다음으로 미루고 전화로 한 시간 정도 이야기를 나누었지요. 사실 이야기를 나누었다기보다는 그냥 대충 듣는 척을 했던 것 같습니다. 말을 끊을 수가 없어서 수화기를 들고 있었지만 마음은 '피곤하다, 쉬고 싶다.'로 가득했던, 참 영혼 없는 통화였습니다.

동생은 결혼을 앞두고 누구나 그렇듯 생각이 복잡했던 모양입니다. 내심 저는 '그냥 너나 잘 살아. 엄마, 아빠 걱정 말고.'라고 생각했으나, 동생은 작정한 듯 그동안 한 번도 하지 않은 이야기들을 술술 풀어냈습니다.

"그래, 그래. 알았어. 하고 싶은 거야 결혼해서도 하면 되지. 내일 만나서 다시 얘기하자. 누나가 좀 피곤해."

그게 동생과의 마지막이었습니다. 약속했던 내일은 없었습니다.

'좀 더 귀담아들을걸. 좀 더 따듯하게 들어줄걸. 아니 그냥 그날 만날걸.'

그날 이후로 무거운 죄책감이 저를 짓눌렀습니다. 부모님 얼굴을 볼 수가 없었습니다. 그렇게 힘들고 우울한 1년여의 시간을 보내던 제게 꿈속에서 동생이 찾아왔습니다.

"누나, 울지 마. 누나가 이렇게 힘들어하면 내가 더 미안하지. 누나가 내 몫까지 좀 더 열심히 살아 주면 안 될까?"

정신을 차렸습니다. 그리고 제가 할 수 있는 일을 찾았습니다. 우선 유치원을 정리하는 일이었습니다. 유치원 교사가 되는 게 꿈이었고, 예쁜 할머니 원장이 되는 게 꿈이었던 저는 다시 태어나도 꼭 유치원 교사가 되고 싶다고 말할 정도로 아이들을 좋아했습니다.

하지만 저는 그 꿈을 밀어 두고 실업자가 되는 것을 선택했습니다. 그러고는 동시에 봉사자가 되어 아픈 이들을 찾아다녔습니다.

월요일은 복지관에서 한 끼 점심을 해결하시려고 아침 아홉 시부터 복지관 주변을 배회하시는 독거노인들을 만나고, 화요일은 세상과 단절된 채 자기만의 세상에서 살아가는 자폐 증상을 가진 친구들을 만나고, 수요일은 힘들었던 과거를 잊고 싶어 매일매일 기억 지우개를 사용하고 계시는 치매 어르신들을 만나고, 목요일은 남은 날을 두렵게 혹은 편안하게 기다리시는 암 환우들을 만나고, 금요일은 이런저런 이유로 부모의 돌봄을 받지 못하지만 씩씩하게 살아가는 보육원 친구들을 만났습니다.

동생을 보내고 잠시 잃어버렸던 즐거움의 에너지를 나누고, 외롭고 아픈 이들을 안아 주고, 진심으로 그들의 이야기에 귀를 기울였습니다. 어쩜 제가 살면서 만난 가장 크고, 아름다운 세상이 아니었을까 싶네요.

그렇게 1년의 시간이 지났습니다. 저는 다시 살아갈 힘을 얻었고, 살아야 할 이유를 찾게 되었습니다. 나의 아픔은 누군가에게 백신이 되어 숨을 쉬게 하고 가슴을 뛰게 하고, 또 다른 바이러스가 되어 돌고 돈다는 걸 알게 되었지요.

가 보지 않으면 알 수 없는 것처럼, 먹어 보지 않으면 알 수 없는 것처럼, 해 보지 않으면 알 수 없는 것처럼, 잃어버리지 않으면 알 수 없는 삶의 이유들이 있습니다.

그런데 다 잃어도 절대 잃어버리면 안 되는 게 있지요. 바로 끝까지 나를 사랑하는 마음, 그리고 끝까지 나를 믿어 주는 마음입니다. 우리의 봄날은 아직 오지 않았습니다. 오고 있고, 또 반드시 올 거라 믿습니다. 이 두 마음 단단히 챙겨서 우리 아이들을 끝까지 사랑하고, 끝까지 믿어 주면 좋겠습니다.

행복은 연습입니다

우리가 습관적으로 하는 일들이 우리가 어떤 사람인지를 결정한다.
완벽이란 한 번의 행위가 아니라 일종의 습관이다.
_아리스토텔레스(고대 그리스의 철학자)

유치원에서 돌아온 아이의 표정이 왠지 심상치가 않습니다.

"무슨 일 있었어? 친구랑 싸웠어? 선생님한테 야단맞았어?"

"아니에요. 엄마는 아프리카 아이들 알아요?"

"갑자기 아프리카 아이들은 왜?"

"그 친구들은 밥이 없어서 굶어 죽는대요. 물도 더러운 물을 마시고요. 볼록한 배 속에는 공기만 들어 있대요."

"오늘 유치원에서 배웠어? 그래서 슬픈 거야?"

이쯤 되면 엄마들 머릿속에서는 '이때다! 깨달음을 줄 최고의 적기야!'라는 빠른 계산이 되고 있죠.

"그러니까 너도 음식 골고루 먹고, 남기지 말고, 반찬 투정하면 안 되겠지?"

"네. 잘 먹을게요."

저녁 시간에 아이는 정말이지 이것저것 평소에 잘 먹지 않던 음식까지 열심히 먹으며 감사하는 마음을 보여 주었습니다.

'역시 교육의 힘은 대단하구나.'

그런데 식사를 마친 아이는 뒹굴거리며 TV 앞에서 떨어지질 않습니다.

"이제 양치질하고 자야지."

"알아요."

"알았으면 해야지."

"한다고요."

"지금 하라고! 엄마가 몇 번을 말했니? 너 때문에 엄마는 진짜 힘들어 죽겠어."

그러자 아이가 벌떡 일어나 엄마에게 다가가더니 이렇게 말합니다.

"엄마! 엄마가 아프리카 아이들보다 더 힘들어요?"

우리, 아프리카 아이들보다는 견딜 만하지요?

행복하고 싶은 사람은 많은데 정작 행복해지기 위해 연습하는 사람은 그리 많지 않습니다. 팔자려니 하고 살아가는 거죠. 건강한 몸을 만들기 위해서는 많은 돈과 시간과 노력을 투자하면서 건강한 마음을 만드는 일에는 좀 무관심한 것 같아요. 우리의 몸과 마음은 연결되어 있습니다. 몸이 건강해야 마음이 건강하고, 마음이 건강해야 몸이 건강하죠. 몸간 건강한 사람도, 마음만 건강한 사람도 없다는 말입니다.

'기분이 좋다.'라는 말은 기운이 잘 나누어져 있다는 뜻이에요. 다시 말하면 기가 골고루, 막힘없이 잘 흐른다는 거죠. 그럼 '기가 막힌다.' '기분이 나쁘다.'도 이해가 가나요?

우울증을 앓고 있는 분들과 강의를 진행하며 "언제 행복하시나요?"라고 물으면 한참을 망설입니다.

"음…… 언제 행복하다고 느꼈는지 기억도 없네요."

"지금 제가 행복하지 않아서 우울합니다."

일반인들에게 같은 질문을 던지면 이렇게 대답합니다.

"음, 퇴근해서 한잔할 때."

"친구들과 맛있는 거 먹을 때."

"가족들과 여행 갈 때."

"잠들기 5분 전?"

대한민국 엄마들은 언제 행복하다고 했을까요?

"아이들이 학교 간다고 인사하고 문이 닫힐 때."

"유치원, 어린이집 버스가 출발할 때."

"아이들이 일찍 잘 때."

"조용히 자기 할 일 할 때."

"남편이 아이들 데리고 어디 갈 때."

"청소를 마치고 우아하게 커피 한잔할 때."

완전 공감되죠?

우울증을 앓고 있는 분들의 하루는 24시간, 일반인들의 하루는 행복을 더 많이 느낄 수 있도록 30시간이 주어진 걸까요? 우리는 모두 동일한 24시간을 살아갑니다. 그런데 똑같이 주어진 시간 동안 어떤 사람들은 사소한 순간에, 자주 행복이라는 이름표를 붙이는 거예요.

"우리 아들, 오늘은 한 번 깨웠는데 벌떡 일어나 줘서 엄마가 행복하다."

"오늘은 어제보다 준비가 빠르네. 엄마가 잔소리할 일이 없어서 행복한데?"

"책상이 깨끗해졌네. 아들 책상을 보니 기분이 좋아졌어."

"나 어제도 여기서 커피 마셨는데 너랑 마시니까 더 맛있고 행복하다."

"오, 지난번보다 국이 더 맛있게 끓여졌네. 기분 좋다."

"오랜만에 네 전화를 받으니까 너무 행복하다."

엄마가 붙이는 행복 이름표를 많이 가지고 살아가는 아이들은 자존감과 위기 대처 능력, 유머 감각이 탁월합니다.

아이들이 우리의 도움 없이도, 갑자기 우리가 사라진 세상에서도 잘 살아갈 수 있도록 매일매일 조금씩 준비시켜 주는 게 부모의 역할이 아닐까요?

간혹 "저는 제가 불행하다 느낄 땐 나보다 더 불행한 사람들의 이야기를 찾아봐요. 그럼 좀 위로가 돼요."라고 말하는 이가 있습니다.

그럴 수도 있습니다. 누군가의 슬픔이 나의 행복이라는 게 아니라 '나만 힘든 건 아니구나. 내가 힘든 건 아무것도 아니네.'라고 공감하며, 나의 아픔이 조금이나마 작아 보이고, 진통제를 맞은 듯 가벼워지는 느낌이 듭니다.

하지만 좋은 방법은 아닙니다. 잠시 위기를 모면할 수는 있지만, 나보다 더 나아 보이는 사람들을 만나면 그 순간부터 나의 불행은 몰려오고 마치 돋보기나 현미경으로 보듯 크고 또렷해집니다.

그러니 누군가와 비교하지 말고 행복을 연습하며 날마다 조금씩 행복 근력을 키워야 합니다.

행복 근력 키우는 여섯 가지 방법

첫째, 걸으세요.

길게도 아니고 하루에 15분만 걸으세요. 우리 몸에 세로토닌이라는 행복 호르몬이 만들어집니다. 우울한 기분이 몰려오면 일단 잠수를 타는 사람이 있습니다. 일상의 패턴을 끊는 거죠. 하지만 우울할수록 일상의 패턴을 유지하는 게 중요합니다. 일어나던 시간에 일어나고, 제시간에 밥을 먹고, 사람들을 만나고, 그리고 무조건 밖으로 나가서 걸어 보세요. 기분 좋은 노래라도 몇 곡 들으며 걷는다면 효과는 배가되겠네요.

둘째, 놀아 보세요.

주부들은 가족들과 여행 가면 행복합니다. 왜일까요? 자연이 주는 아름다움이 우리를 행복하게 만드는 걸까요? 물론 그럴 수도 있지요. 하지만 더 중요한 이유는 늘 하던 규칙적인 살림을 안 하고 놀 수 있기 때문입니다.

셋째, 말하세요.

아침부터 남편과 한바탕하고 201호 언니네로 향했습니다.
"언니, 나 커피 한 잔 주세요. 속상해서 왔어요."

"야, 야, 나는 지금 죽을 지경이다. 내 얘기 먼저 들어 봐." 하더니 세 시간을 혼자서만 떠듭니다.

"아직 반도 못 했는데, 언니 좀 나가 봐야겠다. 이따 저녁 먹고 다시 와. 남은 얘기도 해 줄게."

여러분이라면 대기하고 있다가 시간 맞춰서 다시 201호 언니네로 갈까요?

우리는 다른 사람의 이야기를 들을 때보다 나의 이야기를 할 때 행복합니다. 거기에 나의 이야기를 적극적으로 경청해 주고, 공감해 줄 때 그 사람은 세상에서 가장 고마운 사람이 되는 거죠.

한 사람이면 충분합니다. 정 들어줄 사람이 없다면 글이라도 쓰세요. 나만큼 나의 이야기에 관심이 많은 사람은 없을 테니까요.

넷째, 먹으세요.

무엇을 먹느냐가 아니라 누구와 먹느냐가 중요하지요. 시어머니와 일주일간의 맛 집 여행, 떠나시겠어요?

다섯째, 친절한 행동을 하세요.

내가 할 수 있는 일로 남을 돕는 것은 행복 근력을 키워 줍니다. 꼭 어느 기관에 봉사를 가야만 하는 게 아닙니다. 집에 있는 나와 다른 외계인들에게 먼저 친절한 행동을 베풀어 주세요.

여섯째, 사람들에게 말을 건네 보세요.

내가 먼저 주변 사람들에게 기분 좋은 인사를 건네 보세요. 말은 부메랑이 되어 반드시 돌아옵니다. 사람들에게 말을 걸기가 쑥스럽다면 나무나 풀들, 그리고 동물들에게 말을 건네 보세요. 살아 있는 모든 것은 연결되어 있으니까요.

우리는 이렇게 행복 근력을 키울 수 있어요. 이번에는 우리 아이들을 생각해 볼게요.

우리 아이들은 **첫째, 걸을 시간이 없습니다.** 어른들이 걸을 틈을 주지 않습니다. 걷는 시간도 아깝다고 생각하는 거죠. 그 시간도 아껴서 공부에만 전념해 주기를 바라는 부모의 간절한 마음인 거죠. 왜 아니겠어요?

둘째, 놀 시간도 없습니다. 어쩌다 아이를 놀이터에 데리고 나가도 같이 놀 친구들이 없어 결국 엄마의 교육 철학은 무너져 내리고, 어린이집에 보낼 수밖에 없습니다. 그것도 아니면 돈을 지불하고 키즈 카페나 문화센터, 혹은 캠프를 가야 그나마 놀 수 있습니다. 놀이를 통해 기다림을 배우고, 의견을 조율하고, 약속의 중요성을 알고, 실력보다 협력이 중요함을 배우게 되는데, 게임기 속의 놀이로는 절대 불가능한 거죠.

셋째, 말할 시간이 없습니다. 우리 아이들은 학교에서도 "입 다물어!" 집에서도 "조용히 해!" 학원에서도 "침묵!" 도대체 어디서 누구에게 말을 해야 할까요? 청소년들 채팅 문제가 심각합니다. 아이들의 휴대전화 속 세상에서는 부모들만 모르는 별난 세상이 진행 중입니다.

'시대가 그러니 어쩔 수 없는 거 아닌가?'

이렇게 생각하시나요? 혹시 우리 아이들에게 시대의 흐름을 읽고 따라가는 것보다 말할 상대가 필요한 건 아닐까요?

안방

"엄마, 나 학교 다니기 싫어요."
"그럼? 학교 안 다니고 뭐 할 건데? 학교 다니는 거 좋아서 다니는 사람이 어디 있어? 힘들어도 참는 거지. 엄마도 회사 다니기 힘들어."
"엄마, 제가 웃긴 얘기 해 줄까요?"
"엄마 웃긴 얘기 싫어해. 그리고 숙제나 해."
아이가 혹시나 하고 말을 건넸지만 역시나입니다.

채팅방

"몇 학년이니?"
"초등학교 6학년이요."
"학교 다니기 많이 힘들지?"
"네. 때려치우고 싶어요."
"맞아, 나도 너만 할 때 학교가 제일 싫었고, 학교가 없어지게 해 달라고 매일 빌었지."

"제가 웃긴 얘기 해 드릴까요?"
"오, 진짜? 기대되는데?"

아이들은 어느 방에 머물고 싶을까요?
"왜 너는 집에만 오면 말을 안 하니?"
"답답해 죽겠어. 말을 좀 하라고."
아이들이 왜 입을 다물게 됐는지 생각해 보아야 합니다.

넷째, 먹을 시간이 없습니다. 초등학교 아이들이 학원 시간을 맞추느라 편의점에서 끼니를 때우는 모습을 보도한 기사를 보았습니다. 일하는 엄마 입장에서는 하루 종일 먹을 음식을 매일 준비해 놓는 일도 불가능하고, 집에 들러서 밥을 챙겨 먹고 나오기엔 아이들 역시 시간적 여유가 없습니다.

아침을 먹고 학교에 가는 아이들이 얼마나 될까요? 하루에 한 끼라도 온 가족이 둘러앉아 따뜻하고 여유 있는 식사를 하는 가정이 얼마나 될까요? 먹고살자고 하는 일인데 마치 살기 위해 먹는 사람들 같습니다.

하지만 앞서 강조했듯 중요한 건 무엇을 먹느냐가 아니라 누구와 먹느냐입니다.

"학교에서도 똑같은 거 나왔는데 엄마랑 먹으면 더 맛있어요."

"친구 엄마도 치즈랑 고기를 듬뿍 넣고 해 주셨는데, 난 그것보다 엄마랑 같이 먹는 게 제일 맛있어요."

우리네 엄마들은 자식들에게 제일 먼저 건네는 인사가 "밥은 먹었니?" "밥은 먹고 다니니?"이고, 그리고 마무리 인사도 "밥 잘 챙겨 먹고 다녀."입니다. 밥은 엄마의 또 다른 사랑이라는 걸 저는 가흔이 넘어서야 깨닫고 있네요.

세상이 너무 험해서 우리는 아이들에게 친절한 사람을 조심하라고 가르치고 있습니다. 남들 신경 쓰지 말라고, 이유 없는 친절에는 반드시 그럴 만한 이유가 있는 거라고 말입니다. 물론, 틀린 말도 아니지만, 어쩐지 씁쓸해집니다.

방학이면 해외여행은커녕 국내 여행도 못 가서 속상하신가요? 그럼 가까운 산이라도 아이와 함께 가세요. 아니 동네 공원이라도요. 아이와 달리기도 해 보고, 가위바위보해 누가 먼저 풀잎을 따나 놀이도 해 보고, 걸으면서 스무고개 놀이도 해 보세요. 일주일에 한 번은 가족이 둘러앉아 보드게임도 하고요.

20년 만에 동창을 만나면 엄청 할 이야기가 많을 것 같지만, 진짜 궁금한 몇 가지를 묻고 나면 딱히 할 이야기가 없습니다.

"결혼은 했지? 아이는? 남편은 뭐 해? 집은 어디야? 그렇구나······."

그런데 매일, 하루에도 몇 번씩 만나는 201호 언니와의 대화는 끝이 나질 않습니다.

"어머, 벌써 세 시간이나 지난 거야? 아직 시작도 안 했는데. 중요한 얘기는 이따 통화하자."

아이들과도 마찬가지예요. 어느 날 큰맘 먹고 치킨 두 마리 시켜 놓고는 "우리 가족, 오늘 대화 좀 하자."라고 하면 대화는커녕 치킨도 안 넘어갑니다.

"내가 다시는 너희들하고 대화를 하나 보자."

"우리 가족은 역시 대화가 안 돼."

날 잡아서 대화하려다가 애들 잡습니다.

기분이 좋을 때 우리는 뭐든 더 잘해 낼 수 있습니다. 지금이 바로 행복을 연습하기 딱 좋은 때입니다. 행복한 순간을 떠올려 보는 것만으로도 기분이 좋아진다고 하지요.

우리는 추억을 먹고 사는 사람들이에요. 여러분의 행복 목록을 적어 두었다 우울한 기분이 몰려온다 싶으면 행복 목록에서 하나를 꺼내 사용해 보세요. 움직이지 않으면 아무 일도 일어나지 않습니다.

예시

행복 목록

1. 뻥 뚫린 고속도로를 달리며 음악을 들을 때 행복합니다.
2. 비 오는 날 창이 넓은 카페에서 혼자서 커피 마실 때 행복합니다.
3. 읽고 싶은 책을 주문하고 책이 오기를 기다릴 때 행복합니다.
4. 강의 마치고 아이스 아메리카노를 마실 때 행복합니다.
5. 가족들과 혹은 좋은 사람들과 함께 맛있는 거 먹으며 수다 떨 때 행복합니다.
6. 문자나 메일, 댓글로 사람들을 격려하고 소통할 때 행복합니다.
7. 다른 사람이 차려 준 밥을 먹을 때 행복합니다.
8. 아침에 일어나 커튼을 열었는데 기다렸다는 듯이 햇살이 나를 비춰 줄 때 행복합니다.
9. 찡오랑 먹으며 영화 볼 때 행복합니다.
10. 내가 가진 재능으로 누군가를 도울 때, 강의할 때 행복합니다.
11. 침대에 누워 감사 일기를 쓸 때 행복합니다.
12. 내가 만든 음식을 다이들이 맛있게 먹으며 장사해도 되겠다고 엄지를 들어 줄 때 행복합니다.
13. 같은 삶을 다르게 살아가는 사람들을 만나면 행복합니다.
14. 예배 드리고, 목장 식구들과 삶을 나눌 때 행복합니다.
15. 호수공원을 걸으며 좋은 음악을 들을 때 행복합니다.
16. 목적 없이 도서관에서 책을 읽을 때 행복합니다.
17. 5년 뒤, 10년 뒤, 15년 뒤…… 미래의 인생 보물지도를 그릴 때 행복합니다.
18. 바다를 보고 있으면 행복합니다.
19. 주변 사람들을 기쁘게 해 줄 때 행복합니다.
20. 어디든 여행이라는 이름으로 떠날 때 행복합니다.

행복 목록
(✎ 직접 작성해 보세요.)

1
2
3
4
5
6
7
8
9
10
11
12
13
14
15
16
17
18
19
20

행복하게 성공하기

비관주의자는 모든 기회 속에서 고난을 찾아낸다.
하지만 낙관주의자는 모든 고난 속에서 기회를 찾아낸다.
_윈스턴 처칠(영국의 정치가)

쌍둥이 형제는 어린 시절 술주정뱅이 아버지 밑에서 모진 학대를 받고 자랐습니다. 의지할 곳 없었던 형제는 아버지에게 이유도 없이 매를 맞고 나면 둘이 부둥켜안고 결심을 합니다.

"우리 아빠처럼 살지는 말자."

시간이 지나 둘은 어른이 되었지요. 형은 아버지처럼 살고 있었고, 동생은 아버지와는 전혀 다른 사람으로 살고 있었습니다. 궁금한 동네 사람들이 물었습니다.

"너는 그렇게 아버지를 원망하고, 아버지처럼 살지 않겠다더니 왜 이렇게 살고 있니?"

"아버지 때문이죠."

"너는 그렇게 아버지한테 매를 맞고, 좋은 아버지는 경험도 못 했으면서 어떻게 그렇게 살고 있니?"

"아버지 때문이죠."

환경을 바꿀 수는 없습니다. 하지만 환경을 대하는 태도와 시선, 마음가짐은 얼마든지 바꿀 수 있습니다.

행복하면 성공할까요? 성공하면 행복할까요? 제가 강연을 할 때 이렇게 물으면 많은 부모님들이 행복하면 성공한다고 답하지, 성공하면 행복하다고 답하지 않습니다. 그런데 왜 그렇게 성적에, 대학 간판에 목숨을 거나요?

2등에서 머무르던 고등학생이 부모의 기대를 채우느라 열심히 공부를 했고, 결국 1등을 합니다. 성적표를 들고 집으로 돌아오는 날, 한바탕 축제를 열어도 모자랐을 텐데 성적표 위에 유서를 남기고 자신의 아파트에서 투신자살을 한 일이 있었지요. 유서에는 단 네 글자가 적혀 있었습니다.

"이제 됐어?"

남들보다 좀 더 행복해지라고, 아니 부모보다 좀 더 행복해지라고 그랬던 건데……. 수능이 끝나면 성적을 비관해서 목숨을 끊은 아이들 소식이 들려옵니다. 우리 부모들이 성적에 목숨을 거는 한 성적과 목숨을 바꾸는 가슴 아픈 이야기는 멈추지 않을 것 같습니다.

성공이 행복을 보장한다면, 정말 그럴 수만 있다면 우리의 잔소리는 참으로 의미가 있을 것입니다.

아이들에게 성공이 무엇인지 물었습니다.
"돈을 엄청 많이 버는 거죠."
"로또에 맞는 거요."
"강남에 건물이 몇 개 있으면 되죠."
"유명해지면 성공이죠."
"연예인 되는 거요."
"갑이 되는 거요."

부모님들에게도 물었습니다.
"내가 좋아하는 일을 하는 거요."
"의미 있다고 생각되는 일을 하면서 사는 거죠."
"몸과 마음이 건강하게 사는 거죠."
부모님들의 생각이 이렇게 착하고 아름다운데, 아이들은 어디서 저런 모양의 성공 개념을 배운 걸까요?

성공의 개념은 각자 다를 수 있습니다. 그런데 나만 잘 먹고 잘사는 삶을 성공이라 할 수 없을 거예요. 내가 잘살아서 남도 잘살도록 도와주고, 내가 배워서 배울 수 없었던 누군가에게 지식을 나누어 주고, 내가 꿈을 이루어서 또 다른 누군가에게 꿈의 사다리를 놓아 주는 삶을 성공이라 부르면 좋겠습니다.

"성공이란 자기가 태어나기 전보다 세상을 조금이라도 살기 좋은 곳으로 만들어 놓고 떠나는 것, 자신이 한때 이곳에 살았음으로 해서 단 한 사람의 인생이라도 행복해지는 것."

미국의 사상가 겸 시인 랄프 왈도 에머슨의 이야기입니다.

성공을 목표로 하면 행복을 누릴 여유가 없습니다. 날마다 경쟁에서 이겨야 하니까요.

그런데 내 일을 사랑하고 내 삶을 사랑하며 하루하루를 즐겁고 감사하게 살아간다면 그것만으로도 충분히 성공한 인생이 아닐까요? 빵을 굽는 사람이 자신이 구운 빵을 먹고 행복해할 사람들을 생각하며 신나게 빵을 굽는다면? 구두를 만드는 사람이 내가 만든 구두를 신고 사람들이 편안하게 걷고, 열심히 일할 모습을 상상하며 신이 나서 구두를 만든다면? 의사 선생님이 만나는 환자들이 치료가 잘돼서 건강해질 모습을 상상하며 정성껏 돌본다면? 무슨 일을 하느냐가 아니라 어떤 태도를 가지고 일을 하느냐가 우리 삶의 질을 결정짓는 중요한 물음이라는 거죠.

행복하게 성공한 사람들에게는 남다른 삶의 태도가 있습니다. 우리가 자녀들에게 물려주어야 할 유산은 바로 삶을 대하는 태도, 삶을 살아가는 태도입니다.

성공한 부모들의 특별한 삶의 태도 다섯 가지

첫 번째 '긍정성'입니다.

입력된 것만 출력이 가능하죠. 좋을 때 좋은 건 누구나 가능합니다. 어려운 상황에서 좋은 것을 찾는 게 능력입니다. 부모의 긍정적 착각이 긍정적인 결과를 만들어 냅니다.

긍정적 반응	부정적 반응
"오! 잘하는데!" "멋진 생각인걸!" "역시, 우리 아들, 우리 딸!" "괜찮아, 충분히 노력했고 잘했어."	"내가 그럴 줄 알았어." "네가 하는 게 그렇지." "잘~했다! 가만히 있으라고 했지?" "그걸 말이라고 하니?"

말하는 대로 됩니다. 사과 씨를 심으면 사과가 열리지 배가 열리지 않는 것처럼 말이지요.

두 번째는 '외향성'입니다.

기질은 변하지 않습니다. 어린 시절 부모에게서 타고난 기질을 충분히 수용받으면 자라면서 기질 반응을 조절할 힘을 갖게 되는데,

이러한 모습을 보면서 우리는 "쟤가 크면서 성격이 좀 변한 것 같아."라고 말하는 거죠. 변한 게 아니라 조절 능력이 생기는 겁니다.

반대로 조절 능력이 떨어질 수도 있겠죠. 차분했던 아이가 산만해질 수도, 부드러웠던 아이가 까칠해질 수도, 유쾌했던 아이가 우울해질 수도 있어요.

거북이는 거북이로, 토끼는 토끼로 인정해 줍시다. 거북이에게 왜 그렇게 느려 터졌냐고, 좀 빨리빨리 하지 못하겠냐고, 토끼에게 왜 그렇게 촐싹거리냐고, 좀 느긋하게 걷지 못하겠냐고 하지 않고요.

과하지도 부족하지도 않게 자기를 표현하고, 사회적 관계를 맺을 수 있는 힘은, 어린 시절 부모에게서 얼마나 수용받았는지에 따라 달라집니다.

아이들과 수업을 하며 "선생님 손에 뭐 있는데 먹을 사람?" 하면 "저요! 저요!" 난리가 납니다. 그 순간 잽싸게 한 녀석이 나와서 제 손에 있는 걸 가져갑니다. 반면에 손도 들지 못하고 '나도 먹고 싶다…… 아…… 아…….' 하고 복화술을 하는 친구들이 있습니다.

강연을 준비하면서 사람들의 모습을 관심 있게 지켜봅니다. 가방이 놓여 있음에도 불구하고 "여기 자리 있어요? 저 좀 앉아도 될까요?"라고 당당하게 말을 건네는 사람이 있는가 하면, 빈자리 주변을 계속 맴돌다가 강의가 시작되면 그제서야 조심스럽게 앉는 사람들도 있습니다.

외향성은 타인의 마음을 두드리는 능력입니다. 어린 시절 부모에게서 자신의 욕구나 감정이 자주 거절당했다면 쉽게 쓸 수 없는 능력이죠.

"뭘 맨날 치킨만 먹고 살아? 요즘 치킨 값이 얼마나 비싼데."

"너만 힘든 거 아니야. 뭘 엄살이야?"

"치킨이 먹고 싶은 거야? 그럼 다음 주 아빠 생신 때 우리 치킨 파티 할까?"

"힘들지? 에구, 시원한 주스라도 한 잔 가져다줄까?"

어떤 차이인지 느껴지나요? "씩씩하게 인사해야지." 하며 머리를 꾸욱 누르지 않아도, "큰 소리로 다섯 번만 말해 봐." 하지 않아도 세상을 향해 당당히 나를 외칠 수 있는 아이들로 키울 수 있습니다.

하지만 내향성이 나쁘다는 뜻은 아니니 오해 없으시기 바랍니다. 욕구와 느낌, 기질에 대해서는 뒤에서 좀 더 구체적으로 다루도록 하겠습니다.

세 번째는 '자신감'입니다.

제가 어린이집에서 7세 아동들의 담임을 하던 시절 만난 똘똘이는 할머니, 할아버지, 아빠, 그리고 형, 누나와 살고 있는 친구였습니다. 바쁜 아빠는 아이들을 돌볼 시간이 없었고, 가끔 만나면 아이들을 강하게 키워야 한다는 생각으로 비난과 훈계를 일삼았습니다.

저희 어린이집에 세 살 때부터 다니던 똘똘이는 집에서 채우지 못하는 욕구와 감정을 어린이집에서 해결했습니다. 아이들을 때리고, 교사들을 괴롭히면서 말이지요. 당연히 교사들은 똘똘이 담임이 되는 걸 두려워했고, 똘똘이로 인해 많은 부모님들의 불만은 하루가 멀다 하고 쏟아졌습니다. 그래서 제가 똘똘이 담임을 하겠다고 나선 것이었지요.

어린이집 수업 첫날, 다른 친구들보다 두 배는 덩치가 큰 똘똘이를 아이들 앞에 세웠습니다.

"얘들아, 사람은 모두 다른 장점이 있거든. 우리 똘똘이는 튼튼한 몸이 있어서 1년 동안 우리 친구들과 선생님을 도와주고 지켜 주는 보디가드가 될 거야. 힘들고 어려운 일이 있으면 똘똘이에게 도움을 청하자. 똘똘아, 도와줄 수 있니?"

그리고 교실에선 수시로 똘똘이의 이름을 불러 주었습니다.

"똘똘아, 선생님 좀 도와줄래?"

"똘똘이가 있어서 선생님은 너무 든든해."

"똘똘아, 너는 참 괜찮은 친구야!"

"그동안 똘똘이 마음이 아팠던 건, 그래서 친구들을 괴롭혔던 건 똘똘이 잘못이 아니야. 사람들에겐 모두 사랑 창고가 하나씩 있는데, 어른들이 우리 똘똘이 사랑 창고를 채워 주지 못해서 똘똘이가 친구들에게 줄 사랑이 없었던 거야."

"오늘도 선생님과 친구들이 똘똘이 도움을 많이 받았네. 고마워."

귀가 시간에는 똘똘이를 좀 더 오래도록 꼭 안아 주었습니다. 그러자 똘똘이는 달라졌습니다.

졸업식 날, 똘똘이 아버님과 할머님께서 참 많이도 우셨습니다. 똘똘이에게 미안해서 말이지요. 그리고 똘똘이와 약속을 했습니다.

"이제 아빠도 괜찮은 아빠가 될게."

우리 마음 안에는 두 마리의 늑대가 살고 있다고 합니다. 착한 늑대, 나쁜 늑대. 누가 더 힘이 셀까요? 밥을 더 많이 주는 늑대가 이긴대요. 아이들의 마음에 있는 늑대에게 밥을 주는 건 바로 부모님, 그리고 선생님입니다. 못된 늑대 밥은 특별한 게 아닙니다. 바로 이런 말들이 못된 늑대의 밥이 되는 말이지요.

"도대체 뭐가 되려고 그러니?"

"몇 번을 말했는데 못 알아듣는 거야?"

"네가 그렇지 뭐. 그럴 줄 알았어."

이제 우리 아이들의 마음에 있는 착한 늑대가 힘이 세지도록 착한 밥으로 바꿔 볼까요?

"역시! 우리 똘똘이."

"어떻게 이런 생각을 했어?"

"널 믿어. 네가 자랑스러워."

잠시 거울 앞에 앉아 보세요. 어떤 모습인가요?

'피곤하다, 지쳐 있다, 우울하다, 슬프다, 안쓰럽다, 한심하다, 망했다'인가요? 아니면 '활기차다, 행복하다, 즐겁다, 만족스럽다, 감사하다, 뿌듯하다, 잘났다'인가요?

빨간 안경을 쓰고 세상을 보면 세상은 온통 빨간색으로 보입니다. 내가 쓰고 있는 안경 색깔이 달라지면 세상이 다르게 보이지요. 자녀의 행동을 강제로 바꿀 게 아니라 그 행동을 바라보는 내 눈에 변화를 주는 겁니다.

우리는 타인의 기대를 만족시키기 위해 살아가는 게 아니에요. 자녀들 또한 우리의 기대를 충족시켜 주기 위해 사는 것도 아니고요. 남들과 비교하는 게 아니라 어제의 나의 모습과 비교하는 게 맞습니다. 괜찮다의 기준도 '나'이고 족하다의 기준도 '나'여야 하는 거죠.

다시 한 번 거울 앞에 앉아 보세요. 그리고 스스로에게 "괜찮아. 괜찮아. 괜찮아."라고 말해 보세요. 이제 괜찮아진 눈으로 자녀들을 보세요. 자녀들이 '괜찮아' 보이지 않나요?

자신감이 있는 사람들은 자기 자신을 '참 괜찮은 사람'이라고 여깁니다. 그리고 그 눈으로 자녀들을 보니 자녀들도 한없이 괜찮게 보입니다. 이렇게 괜찮은 아이들이 진짜 괜찮은 대한민국을, 괜찮은 세상을 만들 거라 믿습니다.

네 번째는 도덕성입니다.

행복한 사람이 정직할까요? 정직하면 행복할까요? 강의를 진행할 때 가끔 '10억을 드릴게요. 제 대신 1년만 감옥에 가실 분 계신가요?'라고 묻습니다. 많은 아이들이 손을 듭니다. 많은 어른들도 손을 듭니다. 그런데 손을 들지 않는 사람들이 있습니다. 그래서 이유를 물으면 이렇게들 말합니다.

"동그라미 하나 더 붙여 주시면 갈게요. 하하하."

"부모님이 걱정하실 것 같아요. 부모님께는 돈보다 제가 더 소중할 것 같아요."

"가족이 있고, 돈이 있는 거지요. 돈만 있고 가족과 떨어져 지내는 게 무슨 의미가 있겠어요."

"정직하지 않잖아요. 그리고 제 이름에 빨간 줄도 싫고요."

"제 인생을 10억과 바꾸지 않을래요. 10억보다 훨씬 가치가 있는 인생으로 만들면 되죠."

"이번 주에 놀이동산 간다고 약속했잖아요!"

"엄마가 안 가고 싶어서 안 가니? 갑자기 일이 생겼는데 엄마더러 어쩌라고?"

"오늘 치킨 시켜 준다고 했잖아요."

"다음에 먹으면 되지. 오늘 안 먹으면 큰일 나니? 대신 오리 구웠잖아."

"엄마 왜 요즘 운동 안 해요? 맨날 맨날 하신다면서요?"

"추울 때 운동하면 안 좋대. 엄마가 감기 걸려서 니들 밥도 못 해 주고 그럼 좋겠어?"

혹시 오늘은 이런 대화를 나누셨나요? 정직은 가르치는 것이 아니라 보여 주는 것입니다.

다섯 번째는 '자기통제 능력'입니다.

N사 패딩이 처음 나왔을 때 정말 대단했습니다. 학교에 강의를 가면 모든 아이들이 검은색 N사 패딩을 입고 있어서 저는 대한민국 교복인 줄 알았을 정도입니다. 그 바람이 저희 집에도 예외 없이 불어닥쳤습니다.

"나도 N사 패딩 입고 싶어."

"그게 그렇게 입고 싶어?"

"요즘 다 입는다고."

"그게 얼만데?"

"○○만 원이야."

"헐. 아무리 입고 싶어도 엄마는 그렇게 비싼 걸 사 줄 수가 없어. 그것도 학생이 그렇게 비싼 옷을 입는 건 좀 아닌 것 같은데?"

"그럼 내가 살 거야!"

그날부터 중1 딸은 돈을 모으기 시작했습니다. 집안일을 도와 용돈도 벌고 제법 악착같이 1년을 모았습니다.

"엄마, 같이 매장에 가자. ○○동 정품 매장으로 가야 해."

사실 같이 가고 싶지도 않았고, 돈을 모으면서 마음이 바뀌길 원했지만 그것까지 바라는 건 지나친 욕심인 것 같아서 내키지 않는 걸음으로 동행해 주었습니다.

워낙 꼼꼼한 아이라 기다리는 건 언제나 저의 몫입니다.

패딩을 사서 차에 앉은 딸에게 "마음에 드는 거 샀어? 그래서 행복해?"라고 물으니, "아니, 비슷한 거 샀어. 내가 어떻게 모은 돈인데 패딩 사는 데에 다 쓸 수가 없더라고. 비슷하면 됐지."

그때 그 패딩은 지금 옷장 한구석에서 고독을 즐기고 있습니다.

한 푼 두 푼 10년을 모아서 마련한 내 집, 친구들과 적금을 붓고 1년을 기다려서 즐기는 제주도 여행, 가족들과 천 원씩 모은 벌금으로 시켜 먹는 피자와 치킨에는 특별한 기쁨과 감동이 있죠. (자기통제 능력에 대해서는 감정편에서 좀 더 자세하게 다루어 보도록 하겠습니다.)

자녀들에게 무엇을 물려주겠습니까?

우리 아이들의 행복한 미래를 위하여 필요한 조건은 성격이나 대학 간판, 부모의 경제력이 아니란 걸 기억했으면 좋겠습니다.

이렇게 하세요

부모의 기준으로 판단했을 때 필요하지 않거나, 지나치게 비싸서 사 줄 수 없는 물건을 사 달라 할 때 이렇게 하세요.

소비나 소유의 습관은 유아기 때부터 훈련해야 합니다. 부모의 기분에 따라 어느 날은 무조건 수용, 어느 날은 무조건 거부인 가정들이 의외로 많습니다. 부모의 일관성 있는 태도가 무엇보다 중요합니다.

1. 갖고 싶은 마음을 충분히 들어 주세요.
2. 절대로 안 된다고 판단이 되면 아이의 마음을 충분히 들어 준 뒤, 안 도는 이유에 대해서 설명해 주세요. 아이가 부모의 이야기에 충분히 공감할 수 있도록 이야기를 나누어야 합니다. 일방적인 지시나 명령, 혹은 훈계는 효과적이지 못합니다.
3. 아이의 요구를 들어줘도 무방하다면, 아이가 적극 동참할 수 있도록 기회를 주세요. 예를 들어 저의 경우 50만 원짜리 기타를 사고 싶은 아들에게 집 안에서 일할 거리를 주고 돈을 모을 수 있도록 했습니다. 수고하는 모습을 보고 제가 10만 원, 누나가 10만 원을 후원해 주었습니다.
4. 아이가 부모의 이야기를 수용한다면 긍정적인 피드백으로 격려해 주세요.

괜찮아, 네 잘못이 아니야

스스로를 돕지 않고는 진정으로 다른 사람을 도와줄 수 없다.
이 사실이야말로 우리의 삶이 주는 가장 아름다운 대가 중 하나다.
_랄프 왈도 에머슨(미국의 사상가 겸 시인)

○○의 어머니는 어린 시절 친정어머니에게 참으로 모진 말을 많이 듣고 자랐습니다. 원치 않은 출생이었던 거죠. 즐겁고 행복해야 하는 식사 시간마저 차마 입에 담기도 힘든 갖은 욕설과 모욕들로 기억하고 싶지 않은 끔찍한 추억이 되었습니다.

부모에 대한 원망과 태어나지 말았어야 하는데 태어난 자신에 대한 자책감은 매순간 자신과 타인, 그리고 환경을 향한 분노로 터져 나왔습니다. '빨리 결혼해서 집을 나가야지.' '난 절대 저런 엄마는 되지 말아야지.'라는 생각들이 있었지요. 그러던 끝에 그렇게 원하던 결혼을 했고, 아이를 낳았습니다. 그런데 이게 어찌 된 일인지

○○의 어머니의 입에서는 어린 시절 친정어머니께 들어온 익숙한 말들이 튀어나왔습니다. 아이에게 한바탕 퍼붓고 나면 그때부턴 아이의 잘못된 행동 때문이 아니라 화를 참지 못한 스스로에게 더 화가 나고, 후회를 하고……. 이런 생활이 반복되었습니다.

그러던 중, 드디어 부모 교육에 참석하게 되었습니다. 부모 교육에는 엄마, 나, 그리고 내 자녀를 돌아보는 시간이 있습니다. 서로를 안아 주며 위로하는데, ○○의 어머니는 땅바닥에 주저앉아 참았던 눈물을 쏟아 내기 시작했습니다.

자신의 마음에 이렇게 깊은 상처를 준 부모가 원망스러웠고, 그 모습을 그대로 닮은 본인도 한심스러웠고, 작고 여린 아이들에게 미안해서 울고, 울고, 또 울었습니다.

우리에겐 부모에게 받은 거울이 하나씩 있습니다. 잘 닦인 깨끗한 거울일 수도 있지만, 깨지고, 얼룩진 거울일 수도 있지요. 문제는 부모에게 받은 거울을 가지고 다시 부모가 된다는 거지요. 그럼 어떻게 해야 할까요? 어린 시절을 되돌릴 수도, 부모를 바꿀 수도 없는데 말이에요.

거울을 바꾸는 겁니다. 나를 비춰 주는 나만의 거울을 새롭게 디자인하는 거예요. 그리고 다시 나를 비춰 주는 겁니다.

'많이 아팠지? 그런데 그런 엄마를 만난 건 네 잘못이 아니야. 어린 시절 엄마 눈에는 미운 오리 새끼로 보였겠지만, 지금 너는 잘하고 있어. ○○의 엄마로도, 아내로도 참 괜찮은 사람이야. 괜찮아, 울고 싶으면 마음껏 울어.'

울고 싶을 때 울음을 참으면 우리 몸의 장기들이 운다고 합니다. 그러니 울고 싶을 땐 우는 게 건강에 좋아요. 이렇게 나를 안아 주고, 나를 위로하다 보면 어느 순간부터 엄마의 얼굴이 떠오르기 시작합니다.

'우리 엄마도 오죽했으면 그랬을까? 우리 엄마도 좋은 엄마의 모델이 있었다면……. 우리 엄마도 좋은 엄마가 되는 걸 배웠더라면……. 지금 내가 아이를 야단치고 때리고 나면 마음이 아픈 것처럼, 내게 욕을 퍼붓고 매질을 했던 엄마의 마음도 아팠을 거야. 엄마의 마음에는 또 어떤 상처들이 있어서 어린 나에게 쏟아 낸 걸까? 그래도 나는 교육을 통해 나를 돌아보고, 나를 위로하며 힘을 내고 있지만 우리 엄마는 평생 자신을 원망하고, 자식들에게 미안한 마음으로 사셨겠구나.'

부모님의 뒷모습엔 저물어 가는 시간이 보입니다.
아이들의 뒷모습엔 피어오르는 시간이 보입니다.
우린 그 사이에 있습니다.

부모에 대한 원망과 분노는 또다시 우리 아이들에게 독이 되고,

칼이 되어 대둘림됩니다. 지나온 시간 속에서 나타난 문제는 내 잘못이 아니지만, 이제부터 만들어 갈 시간 속에서 생겨나는 문제들은 내 잘못입니다.

나를 힘껏 안아 주세요. 그리고 이렇게 말해 보세요.

"괜찮아, 네 잘못이 아니야."

이런 내가 참 괜찮아

다른 사람에게 "난 너를 사랑해."라고 말하고 싶다면
우선 "난 나를 사랑해."라고 말할 수 있어야 한다.

_아인 랜드(미국의 소설가이자 철학자)

교사 연수에서 우리의 어떤 모습이 괜찮은지 '장점 목록'을 적어 보자고 한 적이 있습니다. 그런데 한 선생님께서 볼펜을 들고 한없이 눈물만 흘리는 겁니다.

"선생님 왜 아무것도 적지 못하시고 눈물만 흘리세요?"

"제 남편은 2년 전 암으로 세상을 떠났어요. 제가 바빠서 식사도 잘 못 챙겨 주고, 그래서 암에 걸린 것 같고……."

"그러셨군요. 선생님 탓인 것 같아 많이 괴롭고 힘드신가 봐요. 힘들고 어려운 상황에 누구 탓하지 않고, 자신을 돌아보는 선생님의 모습이 저는 참 귀하고 괜찮으신 것 같은데요?"

다음 주에 선생님은 지난 시간 못 채운 칸들을 채워 왔다며 제게 보여 주었습니다.

1. 눈물이 남아 있는 내가 참 괜찮아.
2. 포기하지 않고 다시 나를 찾아가는 내가 참 괜찮아.
3. 떠나간 남편과의 추억이 많은 내가 참 괜찮아.

눈을 감으면 아무것도 보이지 않습니다. 보는 만큼, 듣는 만큼, 아는 만큼, 경험한 만큼 살아갑니다. 나에게 보여 주고, 들려주고, 알려 주고, 경험하게 해 주세요. 내가 얼마나 괜찮은 사람으로 살아가고 있는지를요.

이번에는 아이들에게도 선물해 주세요.
이런 아들이 참 괜찮아.
이런 딸이 참 괜찮아.

예시

이런 내가 괜찮아!

1. 머리만 대면 잘 자는 내가 참 괜찮아.
2. 이웃을 돌아볼 줄 알고, 가진 걸 기쁘게 나누는 내가 참 괜찮아.
3. 운전을 잘하고, 즐기는 내가 참 괜찮아.
4. 무슨 일이든 쉽게 도전하는 내가 참 괜찮아.
5. 커피 한 잔에도 행복해하는 내가 참 괜찮아.
6. 아이들의 아침을 꼬박꼬박 챙겨 주는 내가 참 괜찮아.
7. 말하기도 좋아하지만 듣기도 잘하는 내가 참 괜찮아.
8. 작은 일에도 감동하고 잘 웃고 잘 우는 내가 참 괜찮아.
9. 유머 감각이 있고, 사람들을 즐겁게 해 주는 내가 참 괜찮아.
10. 날마다 조금씩 좋은 습관을 가지려고 노력하는 내가 참 괜찮아.
11. 감사 일기를 12년째 꾸준히 쓰고 있는 내가 참 괜찮아.
12. 조조 영화를 혼자서도 잘 보는 내가 참 괜찮아.
13. 핸드폰 게임을 전혀 하지 않는 내가 참 괜찮아.
14. 사람들을 집으로 초대하기 좋아하는 내가 참 괜찮아.
15. 하루하루 시간을 아끼고, 잘 활용하는 내가 참 괜찮아.
16. 하고 싶은 것도 많고, 먹고 싶은 것도 많고, 가고 싶은 곳도 많은 내가 참 괜찮아.
17. 몰아치기, 벼락치기 잘하는 내가 참 괜찮아.
18. 책 사는 데에 돈을 아끼지 않는 내가 참 괜찮아.
19. 물건보다 사람을 귀하게 여기는 내가 참 괜찮아.
20. 예배를 사모하는 내가 참 괜찮아.

이런 내가 괜찮아!
(✍ 직접 작성해 보세요.)

■ 문장 뒤에 꼭 '내가 참 괜찮아'를 적어 보세요.

1 ....
2 ....
3 ....
4 ....
5 ....
6 ....
7 ....
8 ....
9 ....
10 ....
11 ....
12 ....
13 ....
14 ....
15 ....
16 ....
17 ....
18 ....
19 ....
20 ....

행복한 사람이
행복한 선택을 합니다

최소한의 가치를 지닌 일을 하는 것이
가치 없는 가장 위대한 일을 하는 것보다 중요하다.
_플라톤(고대 그리스의 철학자)

트럭 두 대가 고속도로 갓길에 멈춰 섰습니다. 한 차는 아파트를 짓는 공사 현장에 쓰일 시멘트를 싣고 있었고, 다른 한 차는 제빵 공장으로 가는 밀가루를 싣고 있었습니다. 볼일이 급한 아저씨들이 갓길에서 해결하고, 다시 차를 몰고 목적지를 향해 달립니다.

공사 현장에 도착한 트럭이 시멘트를 쏟아붓는데 이게 웬일이에요? 하얗고 고운 밀가루가 쏟아지는 게 아니겠어요? 제빵 공장에 도착한 트럭도 밀가루를 쏟아부었죠. 아뿔싸! 밀가루는커녕 먼지가 뽀얀 시멘트 가루가 쏟아지는 거예요.

'아차! 갓길에서 차를 바꾸어 탄 모양이구나. 이제 와서 어떻게 다

시 차를 찾는단 말이야. 나도 모르겠다. 그냥 대충 쓰지 뭐.'

공사 현장에서는 밀가루로 아파트가 만들어지고, 제빵 공장에서는 시멘트로 빵이 만들어졌습니다.

어느 날 나라에서는 이상한 소리가 멈추질 않았어요.

우르르 꽝꽝! 와창창!

아파트가 무너지고, 사람들의 이가 부러지는 소리였어요.

어느 수업 때 들은 동화입니다. 말도 안 된다고요? 지금 대한민국에는 말도 안 되는 일이 끊이질 않고 있습니다.

"저는 초등학교 2학년 학생의 엄마입니다. 작년에 귀농을 시작하며 이곳에 오게 됐습니다. 그런데 얼마 전 아이 담임 선생님께서 이렇게 말씀하셨대요. '공부 못하는 것들은 농사나 짓고 살아!' 지금이 어느 시대인데 이렇게 몰상식한 말을 하는 거죠? 교사들은 연수 많이 받는다면서 도대체 무슨 연수를 받고 아이들에게 이런 말을 하나요?"

말도 안 되는 상황이지요? 다행히 이건 교사 전체의 문제가 아니라 개인의 문제입니다. 그래서 부모 역할이 더욱더 중요합니다. 부모가 자녀를 어떻게 다듬어서 세상에 내보내느냐에 따라 내 아이의 인생은 물론이고 내 아이가 만날 사람들에게도 영향을 미치니까요.

몇 가지 상황을 더 살펴 볼까요? 모두 제가 직접 겪은 일입니다. 제가 일곱 살 아이들과 수업을 할 때 "비가 와서 어떡하지? 우리 너무너무 소풍 기다렸는데 말이야. 선생님도 너무 속상하다.'라고 말하면, "아~ 짜증 나요!"라고 하는 아이가 있는 반면, "선생님, 우리 교실을 소풍 온 것처럼 하면 어때요?"라고 이야기하는 아이가 있습니다.

초등학교 아이들과 공동체 훈련을 할 때에는 이런 일도 있었지요. "이번에는 제기를 혼자서 많이 차는 게 아니라 팀원이 둥글게 서서 제기를 차서 전달하는 거야. 오래 떨어뜨리지 않고 많이 차는 팀에게 스마일 스티커를 줄게."라는 저의 제안에 '아! 선생님, 맨발로 차니까 너무 아파요. 그리고 너무 어려워요. 이걸 어떻게 많이 하란 말이에요!"라고 불평을 터뜨리는 친구가 있고, "선생님 맨발로 차니까 좀 아파요. 우리 손바닥으로 해 보는 건 어떨까요?"라고 말하는 친구도 있습니다.

비단 아이들만의 이야기가 아닙니다. ○○대학에서 강의 의뢰가 들어왔고, 담당자는 강사들을 모바일 메신저로 초대해서 각종 서류들을 제출해 줄 것을 부탁한 적이 있습니다.
그러나 일주일 뒤, 담당자에게서 이런 메시지가 도착합니다.

"너무너무 죄송합니다. 제가 이번 과정에 대한 내용을 숙지하지 못해서 큰 실수를 저질렀습니다. 이번 과정은 이런이런 자격이 추가되어야 강의를 하실 수 있다고 하네요. 너무너무 죄송합니다. 입이 열 개라도 드릴 말씀이 없습니다."

이때 어떤 강사는 "장난합니까? 서류 준비하면서 버린 시간은 어떻게 보상하실 겁니까?"라고 벌컥 화를 냈고, 또 다른 강사는 말없이 대화창을 나가 버립니다. 화가 난 이모티콘을 보내고 대화창을 나간 강사도 있었지요. 반면 "아이고, 선생님도 당황하셨겠어요. 알겠습니다. 다음에 또 기회가 있겠죠. 남은 여름 건강 잘 챙기세요."라고 말하는 강사도 있습니다.

선택은 부메랑이 되어 반드시 돌아옵니다.

좋은 사람이 좋은 선택을 합니다. 좋은 나라는 좋은 사람들이 만듭니다. 행복한 사람이 행복한 선택을 합니다. 행복한 나라는 행복한 사람들이 만듭니다.

좋은 사람, 행복한 사람이 부모가 되면 좋은 가정, 행복한 가정을 만들겠지요.

만나는 사람들이 진짜 행복해졌으면 좋겠다는 간절한 마음으로 인사를 나누면 좋겠어요. 내가 낳은 아이, 내가 키우고 있는 이 아이가 진짜 행복한 사람이 돼서 또다시 누군가에게 행복을 전하고 나누는 아이가 되었으면 좋겠다는 간절한 마음으로 아이를 대하면 좋겠어요.

죽고 나면 우리의 영혼은 두 가지 질문을 받는대요.

"당신은 기쁘게 살았나요?"

"당신은 누군가를 기쁘게 했나요?"

망설이지 말고 두 가지 질문에 "네!"라고 대답할 수 있었으면 좋겠습니다. 행복은 원래 두 사람의 몫으로 태어났고 함께 행복하지 않으면 의미가 없으니까요.

감사를 선택하세요

내 인생에서 어떤 일이 일어나든 감사하는 법을 배웠을 때,
기회, 사람들과의 관계, 심지어 부까지도 내게로 다가왔다.
_오프라 윈프리(미국의 방송인)

은지 씨의 어머니는 은지 씨가 어렸을 때부터 "내 인생은 너 때문에 계속 꼬여.""내가 널 낳는 게 아니었는데……." 등 엄마의 역할이 고되고 힘들다는 표현을 대놓고 어린 은지 씨에게 쏟아 내었습니다.

그래도 엄마의 사랑이 늘 고팠고, 간절했던 은지 씨는 학교가 끝나면 엄마에게 달려가 "엄마!" 하고 안깁니다. 그러면 엄마는 "저리 가. 왜 이래. 다 큰 게. 징그러워!"라고 말하며 은지 씨를 밀칩니다. 은지 씨에게 돌아오는 건 차디찬 외면뿐이었지요.

말이 유학이지 은지 씨는 자신을 감당하기 힘들어하는 엄마의 선택으로 서울에 있는 친척집에서 고등학교를 다녔고, 그렇게 은지 씨의 방황은 시작되었습니다. 고등학교를 졸업한 해에 남자 친구를 만났고, 아이를 가졌습니다. 그러나 임신 사실을 안 남자 친구는 은지 씨 곁을 떠났고, 지금 은지 씨는 홀로 아이를 만날 준비를 하고 있습니다.

"병원에서 '임신입니다.'라는 말을 듣는데, 임신이 두려운 게 아니라 나도 엄마 같은 엄마가 될까 봐 그게 두렵더라고요. 그렇지만 지금은 오기가 생겼어요. '엄마 노릇이 도대체 얼마나 힘들기에 내게 그리도 모질게 굴었나. 난 절대로 엄마 같은 사람은 되지 말아야지. 보란 듯이 잘 키워야지.' 마음먹고 혼자서 키우기로 결심했어요. 그리고 그때부터 인터넷에 찾아봤어요. 좋은 엄마, 행복한 엄마 되는 방법을요. 처음에는 화가 나더라고요. '왜 우리 엄마는 그렇게 무지했나. 왜 책임도 지지 못하면서 나를 낳았나.'라는 생각에 원망과 분노가 하염없이 쏟아졌어요. 그런데 강의를 들으면 들을수록 엄마가 가여워졌어요. 우리 엄마도 부모 교육을 좀 배웠다면, 우리 엄마도 할머니 사랑을 듬뿍 받았더라면…… 얼마나 좋았을까요? 아이를 낳고 몸을 좀 추스르면 엄마를 만나러 갈 거예요. 그리고 엄마가 주지 못했던 사랑을 제가 엄마에게 드리려고요. 엄마와 저 모두 좋은 엄마가 되는 게 제 꿈이에요."

혼자서 아이를 키우는 삶이 생각보다 만만치 않을 거예요. 그럼에도 불구하고 지금 내가 만난 상황에서 더 좋은 걸 선택한 은지 씨가 참 자랑스럽습니다. 익숙한 것을 선택하기는 쉽습니다. 더 좋은 걸 알면서도 익숙하지 않은 걸 선택해야 할 때는 많은 부담이 뒤따르거든요. 은지 씨에게 아픔이 없었다면 감사를 알 수 없었을 거예요. 은지 씨가 아픔을 사랑으로 실천할 수 있었던 가장 큰 힘은 바로 감사입니다.

감정이 심장에 미치는 영향과 관련된 미국 하트매스 연구소의 흥미로운 연구 결과가 있습니다. 감사를 느끼는 순간에는 심장박동의 흐름이 매끄러워져 가장 이상적인 감정 상태를 유지할 수 있게 만들고, 긍정적이며 행복한 에너지를 만들어 낸다는 것입니다. 반대로 불만인 상태에서는 심장박동의 패턴이 불규칙해지고, 두뇌의 활동을 방해하거나 면역 체계가 악화된다고 합니다.

캘리포니아대학교 데이비스캠퍼스의 심리학 교수 로버트 에몬스는 12세에서 80세 사이의 사람들을 대상으로, 한 그룹에게는 감사 일기를 정기적으로 쓰게 하고, 다른 그룹에는 그냥 아무 사건이나 기록하도록 했습니다. 그 결과, 감사 일기를 쓴 사람 중 4분의 3은 행복 지수가 높게 나타났고, 수면이나 일, 운동 등에서 더 좋은 성과를 낸 것으로 나타났습니다. 감사하는 마음이 더 많을수록 행복감과 일상의 성과를 높일 수 있다는 연구입니다.

사람은 고마움을 느낄 때 자기 자신은 물론, 주변에 대해 긍정적인 마음 상태가 되지요. 어릴 때부터 감사함을 느끼고 자주 표현하게 되면 긍정적이고 낙관적인 사고방식을 가질 수 있습니다.

반대로 감사할 줄 모르는 아이들은 부정적인 측면이 강하고, 불만을 느끼기 쉬워 사회 적응 능력이 떨어지는 경향이 있답니다. 감사하는 아이로 키우기 당연히 부모의 본보기가 중요하겠죠?

지금 손가락을 펴서 떠오르는 감사의 일들을 꼽아 보세요. 다람쥐 쳇바퀴 도는 일상에서 매일매일 감사거리를 찾는 일은 생각보다 쉽지 않습니다. 하지만 실은 감사할 일이 없어서가 아니라 익숙하지 않아서입니다. 익숙해진다는 것은 달리 말하면 '습관'이라고 할 수 있습니다. 우리 몸은 새로운 습관을 기억하는 데에 66일이 걸린다고 합니다. 약 두 달을 꾸준히 연습해야 한다는 이야기지요.

감사의 습관, 어떻게 하면 좋을까요? 다음의 두 가지를 실천해 보세요.

첫째, 수시로 아이들에게 '고맙다'는 말을 사용해 주세요.

"엄마의 아들(딸)로 태어나 줘서 고마워."

"맛있게 먹어 줘서 고마워."

"오늘도 어린이집(학교) 잘 다녀와 줘서 고마워."

"엄마를 도와줘서 고마워."

"정리하는 일은 참 힘든데, 짜증 부리지 않고 깨끗이 치워 줘서 고마워."

"잘 자고 기분 좋게 일어나 줘서 고마워."

사소한 것에도 감사를 표현해 줍니다.

둘째, 가족이 함께 감사 일기를 써 보세요.

감사 노트를 만들고 매일매일 가족이 돌아가면서 감사한 일들을 세 가지 이상 적어 보는 거예요. 당연히 아이들이 감사 일기를 쓸 마음이 생기도록 분위기를 만들어 주고, 기다려 주어야겠죠?

"이거 쓰면 게임하게 해 줄게."

"이거 써야 놀아 줄 거야."

"이거 안 쓰면 나쁜 사람 된대."

"다 너 좋으라고 하는 거야. 습관이 얼마나 중요한지 알아?"

이렇게 강제로 시키면 아니되옵니다. 부모님이 먼저 감사 일기를 쓰며 변화된 모습을 보여 주세요. 자녀들에게 가장 좋은 동기부여가 될 겁니다.

시각장애를 가진 어머님들을 모시고 강의를 진행한 적이 있습니다. 두 시간 동안 귀를 쫑긋 세우시고 울고 웃으며 열심히 강의를 들어 주셨습니다.

"어머님들, 뭐가 감사하세요?"

"저는 어렴풋이 빛을 볼 수 있어요. 그래서 감사해요."

"아침마다 딸의 머리를 빗어 줄 수 있는 손이 아프지 않고 건강해서 감사해요."

"저는 어릴 때 병으로 시력을 잃었어요. 아무것도 보지 못하고 살아가신 분들에 비하면 본 게 많아서 감사해요."

이쯤 되면 무엇을 보느냐가 아니라 어떻게 보느냐가 참 중요하다는 걸 알게 됩니다. 감사는 무엇을 보느냐가 아니라 어떻게 보느냐의 이야기입니다.

아무리 생각해도 감사의 이야기가 떠오르지 않는다면 당연히 누리고 있었던 것들을 적어 보세요. 예를 들면 '숨아 있어서 감사합니다.' '뜨거운 땅을 맨발로 걷지 않아서 감사합니다.' '글씨를 읽고 쓸 수 있어서 감사합니다.' '앞을 볼 수 있어서 감사합니다. 등등을 적는 거죠. 이렇게 당연한 것들에 감사하다 보면 보이지 않던 감사들이 보이게 될 거예요.

"당신이 내 곁에 있어 줘서 감사합니다."

최근에 이런 감사의 이야기를 들은 적이 있나요? 아니면 누군가에게 이런 말을 해 본 적이 있나요? 만약 그렇다면 당신은 이미 충분히 행복한 사람입니다. 감사는 사람을 통해서 시작되고, 사람을 통해 전해지며, 사람을 통해 완성됩니다.

우리 아이들의 마음에 감사의 나무를 심어 주세요. 아이들의 삶은 물론 내 아이 곁에 있는 많은 사람들의 삶이 더없이 풍성해질 거예요.

'행복'의 또 다른 이름은 '감사'입니다.

감사한데 행복하지 않을 수 없고, 행복한데 감사하지 않을 이유가 없으니까요.

하루를 출발하기 전 거울 앞에 서서 큰 소리로 외쳐 보세요.

"나는 지금 감사를 선택한다!"

예시

○월 ○일 감사 일기

1. 햇살이 가득한 거실에서 커피를 마셨습니다. 이 편안함에 감사합니다.

2. 궁금했던 친구가 전화를 걸어왔네요. 걱정이 됐는데 잘 지낸다고 소식을 주어서 감사합니다.

3. 아들이 농구하다가 또 안경을 깼네요. 이번에도 눈은 다치지 않아서 감사합니다.

4. 감기 기운이 있는데 마침 집에 비상약이 있네요. 감사합니다.

5. 늦었다며 서두르는 딸. 주먹밥과 딸기를 챙겨 주었더니 즐비하며 다 먹었네요. 감사합니다.

6. 조조 영화를 보러 갔는데 저 혼자네요. '염은희 전용관'에 감사합니다.

7. "안 졸고 잘 가고 있어-?" 문득문득 전화를 걸어 주는 친구가 감사합니다.

8. 오늘도 하루 일과를 잘 마치고 온 가족이 편안하게 잠을 자네요. 감사합니다.

9. 배우고 싶었던 캘리그래피 수업을 듣게 되었네요. 허락된 시간이 감사합니다.

10. 집 밥 좋아하는 아이들, 아침을 꼭 먹어 주는 아이들, 감사합니다.

○월 ○일 감사 일기
(✎ 직접 작성해 보세요.)

1
2
3
4
5
6
7
8
9
10

Chapter2
|감정편|

참았던 눈물이 쏟아졌습니다.
얼마나 참았던지 '꺼이꺼이' 소리가
자꾸만 입 밖으로 새어 나옵니다.
잠들었던 아이들이 어느새
제 곁에 조용히 서 있었습니다.

"엄마, 괜찮아……?"
조용히 다가와 안아 줍니다.
아침에 일어나 보니 책상 위에
딸의 편지가 놓여 있습니다.

감정을
디자인하라

"엄마, 힘들면 울어도 괜찮아.
사람에겐 누구나
힘든 비밀이 있는 거잖아."

나도 아기라고요!

둘째가 태어나면, 첫째는 설 자리를 잃어버립니다. 엄마는 24시간 동생 곁에 붙어 있고, 가족들은 뭐든 "하지 마, 안 돼. 누나는 그러는 거 아니야. 그럼 아기 되는데."라고 말했습니다.

첫째는 소독해 놓은 우유병에 물을 담아서 먹질 않나, 깨끗이 빨아 놓은 아기 이불에 가서 벌러덩 눕지를 않나, 둘째를 겨우 재우고 잠시 한숨을 돌리는데 큰 소리로 노래를 부르거나 악기를 드드리질 않나…….

어느 날, 잠깐 쓰레기 버리러 다녀온 사이에 둘째가 자지러지게 울고 있는 게 아니겠어요? 첫째에게 동생 잘 보고 있으라고 신신당

부도 했는데 말이에요.

"동생이 왜 우니? 어떻게 했어? 엄마가 동생 잘 보고 있으라고 했잖아. 너는 누난데!"라고 혼을 내다 가만히 생각해 보니 누나의 나이도 이제 겨우 세 살. 세 살 누나에게 엄마의 요구는 끝이 없습니다.

"누나니까 양보해야지."

"누나가 잘해야 동생이 따라 하지."

누구도 선택해서 자신의 출생 순위를 결정하진 않았을 텐데 첫째로 태어났다는 이유만으로 너무 어린 시기에 어른들의 기대를 한 몸에 짊어지고 어른 아이가 되었으니, 그 이름도 찬란한 첫째여라!

저의 첫아이는 중학교 1학년이 될 때까지 이렇게 외치고 있었습니다.

"나도 아기라고요!"

자존감은 자신의 존재를 인정받을 때 생기는 마음입니다. 첫째의 자존감은 동생이 태어나고 자신의 자리를 잃어버린 그때부터 상처를 받기 시작합니다.

어릴 때 땅따먹기 놀이해 봤나요? 돌멩이를 튕겨서 내 땅을 넓혀 갔던 놀이 말이에요. 진짜 땅도 아닌데 영역이 넓어지면 마치 개선장군처럼 당당했고, 땅을 얻지 못하거나 잃어버리면 그렇게 초라할 수가 없었지요. 그런데 하물며 '나'라는 존재감이 사라질 때 우리의 기분은 어떨까요?

꼭 출생 순서 때문이 아니더라도 아이마다 발달 시기는 모두 다릅니다. 세 살이면 이렇게 해야 하고, 다섯 살이면 이렇게 해야간 하는 사회적 기준으로 아이를 대하게 되면 그 기준을 따라가지 못하는 아이는 어느덧 설 자리를 잃어버리게 됩니다.

이 책을 읽고 있는 여러분의 나이는 어떻게 되세요? 저는 올해로 마흔세 살입니다. 가까운 사람들이 저에게 이런 사회적 기준을 들이댄다고 생각해 보세요.

"너는 뭐 했니? 마흔셋이나 먹어 가지고. 나이만 먹었네. 내가 아는 마흔셋 먹은 사람들은 아파트도 두 채나 있고, 커다란 사무실도 있고, 외제차는 기본이고, 외국어 두 개쯤은 기본이야."

그래서 그게 뭐 어쨌다고요?

"동생이 태어나서 기분이 어때? 엄마가 동생만 돌보고 있어서 속상하지?"

동생의 존재를 받아들일 수 있도록 우선 아이의 마음을 살펴 주고 기다려 주어야 합니다.

"동생 때문에 속상한 마음이 들면 언제든 엄마에게 이야기해 줘."

"아기를 키우는 일은 정말 행복하지만, 할 일이 많아서 좀 힘들어. 그런데 우리 ○○가 도와준다면 엄마가 힘이 날 것 같은데? 엄마 좀 도와줄래?"

그러고는 첫아이와 한 팀이 되는 거죠. 둘째를 재우고 나서 "우리가 또 해냈다. 파이팅!"이라고 하며 하이파이브도 해 보고요. 이제 첫째와 엄마는 '너'와 '내'가 아니라 '우리'가 되었습니다. 자존감은 물론 자신감까지 얻게 되는 훌륭한 기회가 되겠죠.

외동이라면 시기마다 주어지는 발달 과업을 성취할 수 있도록 엄마와 한 팀이 되는 겁니다.

"팀이 된다는 건 서로 도와주는 거야. 힘들고 어려우면 언제든지 말해. 엄마가 도와줄게. 우리 ○○도 엄마 좀 많이 도와주세요. 잘 부탁합니다."

첫째에게 자신의 과거를 옛날이야기 들려주듯 수시로 들려주어도 좋겠지요. 둘째 아이와 비교해서 "너는 이랬는데, 동생은 이러네."가 아니라, 다르다는 이야기를 그냥 들려주는 거예요.

"똘똘이는 요만할 때 엄마가 안아 주면 자고, 침대에 내려놓으면 깨서 울었다."

"똘순이는 엄마가 화장실에 가면 보행기를 밀고 따라와서 문 앞에서 엄마를 지켜 줬어."

"똘똘이는 엄마가 속상해서 울면 꼭 안아 주고 그랬다."

부모의 태도에 따라 우리 아이들의 성장이 달라집니다.

경쟁하는 아이가 아니라 도우며 살아가는 아이가 됩니다.

시기하는 아이가 아니라 베풀며 살아가는 아이가 됩니다.

눈치 보는 아이가 아니라 자신의 감정을 정확하게 표현하는 아이가 됩니다.

상대방의 감정과 상황을 살필 줄 아는 아이가 됩니다.

엄마라고 불러도 돼요?

제 꿈은 유치원 선생님이었고, 실제로 어린이집과 유치원에서 선생님으로 근무했습니다. 그때가 살면서 행복하고 감사했던 순간 중의 하나입니다. 외할머니, 동생과 함께 집에서 시간을 보내던 첫째가 어느 날, "엄마 따라서 유치원 가고 싶어요."라고 했습니다. 생각해 보겠다고 말은 했지만 걱정되는 것이 한두 가지가 아니었습니다.

'아침에 혼자 나가면 편한데……'

'회식도 못 하겠네.'

'일하는 시간만큼이라도 좀 자유롭고 싶은데……'

'다른 엄마들이 알면 싫어할 텐데……'

'교사들은 또 얼마나 내 눈치를 볼까?'

이런 나의 욕구를 채우고 싶은 걱정이 앞섰으면서도 저는 아이에게 이렇게 이야기했습니다.

"엄마랑 같이 가면 유치원에서는 절대로 엄마라고 부를 수 없어. 거기에 엄마가 오는 친구들은 하나도 없거든. 할 수 있겠어?"

첫째들은 한다면 합니다. 융통성도 없고, 좀 고지식하잖아요.

그렇게 저와 첫아이의 동반 출근은 시작되었습니다.

남들보다 일찍 출근을 해야 하니 아이를 2층 교실로 올려 보내고 제 방에서 일을 하고 있으면, 어느새 첫째가 유령처럼 나타나서 창문에 얼굴을 대고 손을 흔들며 작은 소리로 "원장님임~." 하고 부릅니다.

"정다인 어린이, 교실로 올라가세요." 하고 돌려보내면 또다시 내려와 창문에 거미처럼 붙어서 유령 같은 목소리로 "원장님~." 하고 부릅니다.

'이럴 줄 알았어. 내가 미쳤지.'

원생들이 바깥 놀이를 나가면 저도 가끔 물이라도 챙겨 들고 따라나서곤 합니다. 그럼 어느새 제 딸은 빛의 속도로 달려와서 제 손을 잡습니다.

"원장님 손잡고 싶어요."

아이들과 교사들의 눈치가 보이는 저는 살그머니 손을 빼고 "다인이 짝꿍이랑 손잡는 거예요." 하고 말했지요.

그러면 여기저기에서 "원장님이랑 짝꿍하고 싶어요." "나도요!" "저도요!" 하며 아이들이 구름처럼 몰려옵니다.

갈수록 태산입니다. 수고하시는 선생님을 도와 드리려고 했다가 민폐만 한가득 끼치고 조용히 원장실로 되돌아와야 했습니다.

아침 시간 교실을 돌며 아이들의 놀이 시간을 지켜보기도 하고, 잠깐씩 함께 놀아 주기도 합니다.

딸 교실에서는 자신들의 '엄마'에 대한 이야기가 한창입니다.

"우리 엄마는 효자손으로 맴매한다."

"우리 엄마는 파리채로도 때리거든! 우리 엄마가 더 힘세거든!"

다행히 저는 때리지는 않아서 딸은 조용히 친구들의 이야기를 들으면서 침묵하고 있더군요.

"우리 엄마는 간호사거든!"

"우리 엄마는 선생님이거든!"

"우리 엄마는 집에서 요리하시거든!"

"우리 엄마는 김사랑이거든!"

제 눈치를 보며 입술을 씰룩거리는 딸에게 저는 살짝 고개를 저었습니다. 하지만 이런 신호를 다섯 살짜리 아이가 알아차릴 리가 없지요.

"우리 엄마는 ○○유치원 원장님 아니거든!"

순간 아이들의 시선이 저에게 쏟아졌습니다.

"하하하, 다인이가 원장님이 엄마면 좋겠나 보다. 그치, 애들아……."

다음 상황에서 제 딸이 어떻게 될지는 생각도 못 하고 저는 황급히 그 자리를 떠났습니다.

퇴근길 아이를 차에 앉히고 출발하려는데 아이가 묻습니다.

"이제 엄마라고 불러도 돼요?"

"아니, 안 돼. 오늘 다인이가 엄마 방에 너무 많이 왔어. 집에 갈 때까지 엄마라고 부를 수 없어. 그리고 엄마가 원장님이라는 건 우리 둘만의 비밀이라고 했잖아. 약속을 안 지켰으니까 부르면 안 돼."

그럼 또 고지식한 제 딸은 침묵의 침묵을 거듭하다 조용히 잠이 들어 버립니다.

어떤 날은 집에 가서도 화가 풀리지 않아 괜히 아이의 행동에 트집을 잡고, 지적을 하고, 신경질을 냅니다. 그렇게 아이는 유치원에서도 집에서도 내내 엄마의 눈치만 살피다가 결국 6개월도 채우지 못하고 동네 유치원에 강제 입학하고 말았네요.

그땐 몰랐습니다.

내가 누굴 위해서, 무엇을 위해서 일하고 있는지, 나에게 붙어 있는 이름표 중에서 우선순위가 무엇인지, 진짜 행복한 삶의 출발은 어디에서 시작되는지, 무엇으로 내 삶을 빛나게 해야 하는지를요.

아이들, 교사들, 엄마들의 마음엔 그토록 신경을 쓰면서 왜 세상에서 가장 소중하고 귀한 제 딸의 마음에는 신경을 쓰지 못했던 걸까요? 우리는 문득문득 내가 '부모'라는 사실을 잊고 사는 것 같습니다. 아니 잊고 싶은 것 같습니다. 아이를 위한다면서 실은 내 욕구가 앞서 곧 아이의 욕구와 충돌하고 말지요. 그럼 서로의 욕구를 알아차리고 도와주어야 하는데 어른이라는 이름으로, 힘이 있다는 이유로 아이의 욕구는 엄마의 욕구 앞에서 무참히 짓밟히고, 무너지고, 숨어 버립니다.

"엄마라고 불러도 돼요?"

엄마를 엄마라고 부르지 못하는 딸의 마음이 어땠을지 생각만 해도 가슴이 먹먹해집니다.

아이가 떼를 쓰며 "엄마~" 하고 소리 지르면 우린 그러죠.

"난 네 엄마 아니야. 엄마는 이렇게 떼쓰는 딸 없어. 엄마라고 부르지도 마!"

우리 아무리 화가 나도 이 말은 하지 않기로 해요.

"엄마라고 부르지 마!"

그럼 엄마를 엄마라고 부르지, 아빠라고 부르나요?

당신의 마음은 안녕하십니까?

 강의를 시작한 지 30분쯤 지났을까요? 중간쯤에 앉아 계신 어머님께서 강의가 끝날 때까지 흐느끼셨어요. 강의를 마치고 어머님께 조심스럽게 말을 건넸습니다.
 "어머님, 무슨 일 있으셨어요? 강의 내내 울고 계셔서 제 마음이 아팠어요."
 "무슨 일이 있었던 건 아닌데……, 강사님 힘드시죠? 강사님이 힘들게 엄마 노릇하시는 걸 들으니 그냥 나도 모르게 눈물이 쏟아지고 멈추질 않았어요. 제가 많이 힘들었나 봐요."

혹시 평소에 이렇게 말씀하시는 분 있나요?

"우리 아이들이 나만큼만 행복했으면 좋겠어요."

"나보다 조금 덜 행복하면 좋겠어요."

아마 이런 부모님들은 아무도 없을 거예요. 나보다 더 행복했으면 좋겠고, 나보다 더 잘살았으면 좋겠고, 나보다 더 똑똑했으면 좋겠지요. 그래서 아낌없이 주는 나무로 평생을 사는 거겠죠.

그런데 참 이상합니다. 학력이나 사는 정도는 열심히 노력해서 부모님을 뛰어넘을 수 있지만 행복의 크기는 별로 차이가 나지 않는 것 같습니다. '고기도 먹어 본 사람이 먹는다.'라는 옛말처럼 행복이라는 것도 누려 본 사람이 더 잘 가꾸는 것 같습니다.

"왜 얼굴을 찡그리고 있어?"

"엄마가 짜증 부리지 말라고 했지?"

"왜 그렇게 불평이야?"

"쪼그만 게 뭐가 힘들어?"

내가 안녕하지 못한 것도 힘든데 내 아이까지 안녕하지 못하니 속상하거나 혹은 괜한 자책감에 화가 난 건 아닐까요? 마음이 안녕한 인생을 살아가는 부모님과 함께 있으면, 같은 공간에 있는 것만으로도 우리 아이들의 마음은 안녕해질 거예요.

그런데 나 혼자 안녕해서는 안 돼요. 우리 아이들이 만나는 많은 어른들이 모두 안녕해야 해요. 슈퍼에 가면 슈퍼 사장님이 안녕하시고, 버스를 타면 기사 아저씨가 안녕하시고, 학교에 가면 선생님이 안녕하시고, 동네에 사시는 어른들이 안녕하셔야 해요.

그래서 우리는 좋은 부모, 좋은 어른이 되는 훈련을 받아야 합니다.

2015년, 우리 모두의 마음을 아프게 한 인천 연수구의 아동 학대 사건을 기억하는지요.

동네 슈퍼로 들어가 먹을 것을 닥치는 대로 챙겼던 아이. 키는 120cm, 몸무게는 16kg, 심한 영양실조로 마치 유치원생같이 보이지만 아이의 나이는 열한 살이었지요.

"아빠는 잠자는 시간, 먹는 시간을 빼고는 거의 컴퓨터 앞에 앉아 게임만 했어요."

2013년부터 2년 동안 학교에도 보내지 않고 세탁실에 가둔 채, 아이를 수시로 때리고 일주일 이상 밥을 굶긴 이는 다름 아닌 아이의 친아버지와 동거녀였습니다.

탈출도 시도했으나 지나가는 사람에게 발견돼 다시 집으로 돌려보내진 아이, 그 후 아이에게 돌아온 것은 더욱 가혹해진 친부의 학대였습니다.

"너무 배고파요······. 그 말을 세 번 이상 했어요."

먹을 것을 들고 슈퍼를 그냥 나가려는 아이를 붙잡아 따뜻한 음

료와 먹을 것을 주면서 경찰에 신고한 이는 다름 아닌 슈퍼마켓 주인이었습니다.

엄마들과 이야기를 나누다 보면 아기 때 진짜 많이 안아 줬는데 왜 우리 아이 정서가 불안하냐고 하소연을 합니다. 하지만 얼마만큼 안아 주었느냐가 중요한 게 아니라 어떤 마음으로 안아 주었느냐가 더 중요합니다. 자녀들은 엄마와의 스킨십을 통해서 엄마의 마음을 느끼기 때문입니다.

'아…… 따뜻하다. 엄마가 날 진짜 사랑하는구나. 난 사랑받고 있어. 난 소중해.'

'아, 엄마가 나 때문에 힘들구나. 엄마는 내가 귀찮구나. 난 사랑받지 못해.'

하루에도 몇 번씩 아이들에게 건네는 말들을 이젠 부모님 자신에게 먼저 건네 보세요.

아침에 일어나 거울 앞에서 "잘 잤니? 좋은 아침이야."

속상하고 힘든 일이 있었다면 "괜찮아? 힘들지? 속상하지? 많이 아프겠다."

어떤 일을 잘 해냈을 때는 "잘했어! 역시! 훌륭한데! 멋져!"

마음의 안녕은 가르치는 것이 아니라, 보여 주고 흘러가게 하는 것입니다. 매일 10분씩이라도 부모님 자신의 마음을 돌보는 시간을 가져 보세요. 감정의 찌꺼기들이 비워지면 아이들을 수용하는 공간도 더 넓어질 거예요. 긍정의 고리를 만드는 것도, 부정의 고리를 만드는 것도 모두 부모님 마음에 달려 있습니다.

지금 나에게 물어보세요.
"너는 지금 안녕하니?"

아픈 아이, 나쁜 아이

"나도 아기라고요!"

자신의 욕구를 몰라주고, 소리를 지르는 엄마에게 여섯 살 남자아이가 소리칩니다.

"(코웃음을 치며) 네가 아기야? 너는 아기가 아니야. 너 지금 뭘 착각하고 있는 것 같은데 여섯 살은 아기가 아니야. 어린이야. 어린이."

"아기 맞아요. 유치원도 다니는데……. 그럼 아기인데……."

ADHD 진단을 받고 치료 중에 있는 아이들과 엄마들이 함께하는 놀이 수업 시간에 보여 주는 영상의 한 장면입니다. 이 영상을 보고 무엇을 느꼈냐고 물으면, 부모와 아이는 각각 이렇게 대답합니다.

"저희 집하고 똑같아요. 저 엄마도 진짜 힘들겠구나. 답답하고 화가 나요. 겪어 보지 않은 사람은 몰라요."

"아이가 불쌍해요. 아기라고 소리치는데 아무도 돌봐 주지 않아요. 우리 엄마랑 똑같아요."

입장의 차이입니다.

자기 기준에서 상황을 바라보고 해석하는 것. 너무나 당연한 일이겠지요. 내 몸에 생긴 생채기가 가장 아픈 법이니까요.

수업을 방해하는 아이, 친구를 괴롭히고 폭력을 행사하는 아이, 예의 없는 아이, 분노 조절을 못하는 아이, 막말을 하는 아이……. 우리는 이런 아이들을 흔히 '나쁜 아이'라고 부릅니다.

하지만 통증이 심해 "내가 너무 아파서 견딜 수가 없어요. 나는 환자예요. 나 좀 돌봐 달라고요!"라고 소리를 지르며 고통을 호소하는 환자에게 "시끄러워요. 조용히 하세요. 가만히 있지 않으면 이 병원에서 내쫓겠어요."라고 하시나요? 아프다고 소리치는 환자가 과연 나쁜 환자일까요?

여기, 한 수강생 분의 구체적인 상황을 들어 보겠습니다. 실직한 남편은 하루 종일 컴퓨터 앞에 앉아서 게임을 하며 하루를 보냅니다. 남편이 실직했어도 집안일을 좀 돕고, 아이도 함께 돌보아 준다면, 우린 또 얼마든지 더 좋은 날들을 기대하며 기다릴 수 있겠지요. 하지만 게임에 빠져 아무것도 하지 않는 남편을 보며 조금씩 솟아오르던 격한 감정이 급기야 터지고 말았습니다. 게임을 하고 있는 남편의 뒤통수에 대고 차마 해서는 안 될 말을 쏟아낸 거죠. 그러고는 나가 버렸습니다. 집에 남겨진 남편은 분에 겨워 주먹으로 장식장을 쳤고, 거실 가득 유리 조각과 손에서 나오는 피로 엉망이 되었습니다. 놀란 아이는 울지도 못하고 멍하니 한참을 그렇게 서 있었다네요.

이후 아이는 말을 잃어버렸습니다.

그러나 부부는 갑자기 말을 하지 않는 다섯 살 아이가 이상하게 보일 뿐입니다. 아이를 야단치고, 윽박지르고, 걱정하고……. 그렇게 어쩌지를 못하다가 제 강의를 듣게 되었고, 아이가 말을 잃어버린 원인을 드디어 알게 되었습니다.

17세 A는 중학교 2학년 때 선생님의 심한 꾸지람을 듣고 학교를 떠났습니다. 어렵게 아들을 설득해 이사를 하였고, 새 학교로 등교한 첫날, 교무실에서 40여 분간 이어진 선생님과의 대화로 아이는 더 큰 상처를 받았고, 이제는 게임에만 빠져서 점점 폭력적이 되어 갑니다. 아들을 지켜보는 엄마의 눈에서는 하염없이 눈물만 흐르고요.

커리어 우먼으로 성공한 ○○의 엄마는 이혼을 하고, 하나밖에 없는 아들을 위해 아낌없이 투자하며 자신의 성공만큼 아들의 성공도 확신했습니다. 아니 반드시 그래야 한다고, 그렇게 만들겠다고 결심했습니다.

그러나 한 치 앞도 모르는 게 우리네 인생입니다. 어느 날 갑자기 ○○의 엄마는 뇌출혈로 쓰러집니다. 다행히 수술을 받았지만 더 이상 일을 할 수 없게 되었습니다. 그즈음 아들은 보기 좋게 대학을 떨어졌고, 그때부터 아들과의 전쟁은 시작되었습니다.

밤낮 없이 게임에만 몰두하는 아들에게 조심스레 말이라도 걸라치면 "엄마가 뭘 해 줬다고 잔소리야? 내 인생은 내가 알아서 산다고. 그러니까 신경 끄라고!"라는 짜증 섞인 대답이 돌아옵니다.

"엄마는 몸이 이 지경이 될 때까지 너 하나만 바라보고 살았는데 그게 무슨 버르장머리 없는 소리야? 엄마 혼자서 널 키우는 게 얼마나 힘들었는지 알기나 해? 내가 뭘 안 해 줬니? 말해 봐!"

"뭘 해 줬는데? 아줌마가 밥하고, 과외 선생님이 나 가르치고, 돈 벌어서 돈 대 준 거? 누가 그러라고 했어?"

싸우고, 포기하기를 반복하던 어느 날 새벽, 아들의 방에서 통화 소리가 들리더랍니다.

조용히 귀를 대고 들어 보니 "엄마가 시도 때도 없이 감시해. 미칠 것 같아. 감옥이 따로 없어. 내일은 엄마 밥에 수면제라도 탈까 봐."

라는 아들의 목소리.

다음 날 아침, 아들은 난생처음 김치볶음밥을 만들어 주더랍니다. 이걸 먹어야 하나요? 아니면 먹지 말아야 하나요?

우리 마음엔 모두 아픈 아이가 웅크리고 있습니다.

부모와 나, 나와 자녀를 분리해야 해요. 어떤 연결고리를 끊고, 어떻게 다시 연결되어야 하는지를 알아야 합니다. 감정의 하수구가 아래로, 아래로 쉬지 않고 흘러가니까요.

과거는 우리의 영역이 아니에요. 우리의 힘으로 어떻게 할 수 없다는 뜻이지요. 기억이라는 게 지운다고 지워지지도 않아요.

화를 쏟아 내는 건 당장은 시원한 느낌이 들지만, 쏟아 낸 화로 인해 오히려 더 마음이 무거워집니다. 그러니 그건 바람직한 방법이 아니에요. 정말 이 사람에게만큼은 꼭 미안하다는 말을 듣고 싶은 사람이 있죠? 하지만 오히려 자신의 마음을 알아주고 다독여 주는 게 더 좋은 방법일 수 있어요. 사과받고 싶은 사람 대신 사과하고 싶은 사람을 생각해 봅시다. 그리고 종이에 사과의 말을 적어 보세요.

사랑하는 내 딸 은희에게

열 손가락 깨물어 아프지 않은 손가락이 없는 건데 왜 유독 너에게만 그렇게 모질게 굴었는지 모르겠구나. 나도 여자라 대접받지 못해 그 힘든 세월을 살았으면서 딸인 네게 나는 참으로 못할 짓을, 못할 말을 수없이 쏟아 냈구나.

매를 맞고 야단을 맞으면 왜 나한테만 그러냐고, 나도 사랑받고 싶다고 울부짖는 너를 안고 같이 울고 싶은 마음이었지만 난 또 그런 너를 향해 더 모진 말들을 쏟아 내곤 했지.

어느 날 오빠 신발을 물려 신기가 창피하다며 칼로 운동화를 찢어 왔었지. 새 신발을 사 달라고 조르던 너에게 배가 불렀다면서 그 신발마저 빼앗아 맨발로 학교를 보내 놓고, 나는 신발을 부여잡고 한없이 울었단다.

그깟 운동화가 얼마나 한다고······.

행동이 느리다고 매를 맞고, 오빠들한테 대든다고 욕을 먹고, 잠이 많다고 야단을 맞고, 여자가 밖에 싸돌아다닌다고 잔소리를 듣고······.

지금 생각하니 단 한순간도 네 마음을 제대로 알아차려 준 적도, 내 마음을 표현해 본 적도 없구나.

엄마 마음은 그게 아니었는데······.

엄마가 된 너를 보며 나는 나를 돌아본단다.

문득문득 아이에게 소리를 치고 매를 드는 너에게 "애가 뭘 안다고 애를 잡니? 엄마가 성질이 그러니 애도 똑같지." 이렇게 말하고 집에 오는 길엔 한없이 내 가슴을 친단다.

'내가 너를 그렇게 만들었구나. 다음에 만나면 꼭 미안하다고 얘기해야지.'

마음을 먹고 가는데 왜 막상 네 앞에만 서면 이 말이 그렇게도 어렵니. 너에게는 수도 없이 "잘못했다고 빌어."라면서 매를 들어 놓고는 말이야.

은희야.

엄마를 용서해 주겠니? 한 번에 용서하기 어렵다는 거 알아. 조금씩, 조금씩 용서해 주렴. 네가 나를 완전히 용서해 줄 때까지 기다릴게. 네가 지금껏 오늘의 나를 기다려 준 것처럼.

나로 인해 이제 더 이상 네 마음이 무겁지 않았으면 좋겠구나.

미안하다. 내 딸아.

사랑한다. 내 딸아.

그리고 이런 못난 엄마와 살아 주어서, 나보다 더 엄마 역할을 잘 해내고 있어서 참 고답다.

좋은 엄마가 되지 못했던 못난 엄마가

이제 여러분 차례입니다. 지금부터 한번 적어 보세요.

솔직하게, 멈추지 말고, 그냥 적어 내려가세요.

여러 번 반복해서 이 활동을 하면 점점 내 감정이 편안해지는 걸 느낄 수 있을 거예요.

그게 뭐 어쨌다고

어느 날, 헬렌켈러는 친구와 함께 숲을 지나게 되었어요. 친구가 말했습니다.

"헬렌켈러, 너는 여기서 잠깐만 기다려. 나는 들어가서 숲을 좀 돌아보고 올게."

헬렌켈러는 산책을 마치고 온 친구에게 물었습니다.

"숲은 어땠어?"

"실망이야. 벌레도 많고, 생각보다 아름답지 않아."

헬렌켈러는 눈으로 볼 수 있다는 건 오히려 많은 것을 못 보는 것임을 깨달았습니다. 그리고 생각했습니다.

'내가 만약 대학 총장이 된다면 학생들에게 보는 법을 가르쳐 주고 싶다.'

맥스 루케이도의 동화 『너는 특별하단다』가 있습니다. 작은 나무 사람들이 제각기 금빛 별표와 잿빛 점표를 들고 다니며 재주가 뛰어나거나 색이 잘 칠해졌으면 별표를 주고, 재주가 없거나 나뭇결이 거칠면 점표를 주는 이야기지요. 초등학생 아이들과 수업을 할 때 이 동화를 함께 보고, 각자에게 붙어 있는 점표(단점)와 별표(장점)를 적어 보게 했습니다.

"나는 공부를 못해요."
"나는 그림을 잘 못 그려요."
"나는 뚱뚱해요."
"나는 키가 작아요."
"나는 운동을 못해요."
"나는 코가 오뚝하지 못해요."
"나는 엄마, 아빠가 사랑하지 않아요."
"나는 학교에서 매일 야단을 맞아요."

모두 약속이나 한 듯 점표를 적어 내려갑니다. 별표보다 점표 적길 수월해하는 아이들을 보면 가슴이 아픕니다.

다른 사람들이 나를 이렇다, 저렇다 말할 수 있지만, 그걸 받아들이는 건 자기 몫입니다. 그런데 다른 사람들이 나를 판단하도록 내 버려 두지 마세요. 나를 판단하는 건 나이고, 나를 바꿀 수 있는 것도 나예요. 우리는 다른 이들의 기대를 채워 주기 위해 사는 게 아니라 내가 나를 기대하고 나를 돌보고 챙겨서 다른 이들을 돕기 위해 사는 거예요.

저는 어린 시절 참 많은 열등감이 있었습니다.

우선 염씨라는 게 너무너무 부끄러웠어요. 초등학교 6년 내내 별명은 '염소 똥' '염라대왕'이었거든요. 왠지 너무 구리고 늙은 냄새가 날 것만 같은 저의 별명이 모두 성 때문이라고 생각하니 전 정말이지 아빠가 원망스러웠어요.

중·고등학교 시절엔 초등학교 때처럼 그런 별명은 아니었지만 염전이라는 둥, 염소라는 둥…….

대학에 입학하기 전까지 저는 그 흔한 미팅 한 번을 하지 않았습니다. 공부하느라 안 한 것도 아니고, 그런 걸 좋아하지 않아서도 아니고 순전히 이름을 말하고 싶지 않아서였습니다.

멋진 가명을 쓰는 가수가 되고 싶었습니다. 염소 똥의 멍에를 벗고 화려한 이름으로 부활하는 꿈을 꾸면서 말이에요.

"오.로.라."

두 번째 저를 작아지게 만든 건 튼튼한 다리였습니다. 얼굴도 작고, 마른 체형인데 유독 허벅지부터 종아리까지는…… 흠…….

중학교를 졸업할 때까지는 바지로 어찌어찌 해결했지만, 제가 고등학교에 입학할 때 교복이 부활돼 치마 교복을 입어야 했습니다. 학교를 그만둬야 하나 별의별 생각이 다 들더군요.

두꺼운 입술은 어떻고요. 지금은 일부러 돈을 들여 입술을 두껍게 하기도 하지만, 그때는 영화 〈부시맨〉이 유행이었고, 전 부시맨의 후예가 되어야만 했습니다.

쌍꺼풀 없는 눈, 작은 키, 형편없는 그림 실력 등 수많은 열등감이 절 따라다녔습니다.

지금 생각하니 그게 뭐라고요. 부시맨이라고 놀린다고 부시맨이 되는 것도 아니고, 염소 똥이라 부른다고 내 몸에서 똥 냄새가 나는 것도 아닌데 말입니다.

생각보다 사람들은 저에 대해서 그리 관심이 없다는 걸 어른이 되고도 한참 뒤에야 알게 되었습니다.

성이 특이하니 사람들은 저의 이름을 잘 기억해 주었고, 튼튼한 다리 덕분에 1년에 10만 킬로를 달리고, 600회 강연을 하고도 끄떡없습니다. 작고 아담한 키는 품에 쏙 들어온다고 아주 잠깐(?) 신혼의 달달함에 플러스가 되기도 했지요. 곧 "남들 밥 먹을 때 뭐 했냐? 의자 가지고 꺼내면 되지 참 귀찮게 한다." 등등 쓸쓸한 날들이 더 많아지긴 했지만요. 또 그림 그려서 먹고 사는 직업도 아니니 그림 실력을 드러낼 일도 없고요.

감출수록 커지는 게 바로 '열등감'입니다.

오프라 윈프리는 아홉 살 때부터 사촌 오빠들에게 성폭행을 당했고, 어린 나이에 임신과 유산을 경험했지요. 게다가 마약·섹스·알코올의존자였으며 이혼의 아픔도 겪었어요. 흑인, 뚱뚱한 몸매, 미혼모의 딸은 꼬리표처럼 따라다녔고요.

그럼에도 불구하고 그녀는 2013년 미국 경제 전문지인 〈포브스〉에서 가장 영향력 있는 사람으로 선정되는 등 멋진 성공을 이루어 냈습니다.

오프라 윈프리는 꼬리표처럼 따라다녔던 자신의 과거에 대해 이렇게 말합니다.

"그래서 그게 뭐 어쨌다고!"

과거는 바꿀 수 없습니다. 그런데 과거에 대한 생각은 바꿀 수 있습니다.

'과거에 이랬으니 너는 자격이 없다.'가 아니라 '과거에 이랬지만 그럼에도 불구하고 나는 할 수 있다. 해냈다.'라고 생각해 보세요.

'내 모습이 이러니 나는 아무것도 할 수 없다.'가 아니라 '이런 내 모습으로 내가 할 수 있는 건 뭐가 있을까?'라고 생각하는 거예요.

고가 후미타케, 기시미 이치로의 유명 베스트셀러 『미움받을 용기』 속 심리학자 아들러는 어린 시절 가족들의 도움 없이는 움직일 수 없을 만큼 약하고 불편한 신체를 가지고 태어났습니다. 그런 아들러와는 달리 형은 아주 건강했고 총명했지요.

'이런 내가 할 수 있는 게 뭘까? 몸이 약해서 남들처럼 뛰어놀 수 없으니 그 시간에 공부를 하자. 그리고 나처럼 몸이 불편한 사람들을 돌보아 주자.'

그래서 의사가 되었어요. 우월한 형과 비교하면서 한없이 열등감에 빠진 자신을 보며 콤플렉스를 극복하는 방법을 연구했고, 가족이라는 울타리가 얼마나 중요한지를 경험하며 가족 심리 치료에 힘쓰며 살았습니다. 결국 아들러는 인간은 자신이 용기를 내는 만큼만 세상을 만나고, 행복하게 살아갈 수 있다는 중요한 사실을 찾아냅니다.

모두가 나를 좋아할 수 없고, 모두가 나를 좋아할 필요도 없습니다. 또한 모든 걸 가질 수 없고, 모든 걸 다 잘 해낼 수도 없습니다.

부모의 열등감은 고스란히 자녀의 몫이 됩니다. 혹시 이렇게 말씀하시나요?

"엄마는 가난해서 피아노를 배우지 못했어. 그러니까 너는 열심히 해."

"대학 다닐 때 유학 가는 아이들이 그렇게 부럽더라. 너는 꼭 유학을 가야 해."

"그림 못 그려서 미술 시간에 얼마나 망신을 당했는지. 넌 절대로 그런 일은 없어야 해."

> 우리는 누구나 열등합니다.
> 그러나 열등함을 감출 수는 없지만 극복할 수는 있지요.
> 바로 있는 모습 그대로를 인정하는 것,
> 그리고 그 모습을 새롭게 디자인하는 것이에요.

"선생님, 저희 부모님은 돈이 없어서 저를 보육원에 맡기셨어요. 그래서 저는 돈을 많이 벌고 싶어요. 제 아이는 저처럼 살면 안 되잖아요. 그리고 부모님도 함께 살아야죠."

"학창 시절 많이 우울했어요. 자살 기도도 많이 했고요. 이제 그런 경험을 바탕으로 청소년들을 좀 돕고 싶어요."

"정신 차릴래요. 다시 검정고시 준비해서 고등학교도 졸업하고, 입양 보낸 아이와 언젠가 다시 만날 수도 있을 텐데, 그때 부끄럽지 않은 엄마가 되기 위해서요. 저 이제 다시 시작할 거예요."

"우리 아이는 장애가 있어요. 나 때문에 아이가 이렇게 된 것 같아 죄책감이 들고 미안한데, 아이에게는 자꾸 화를 내게 되었죠. 그런데 생각해 보니 아이 덕분에 저는 진짜 어른이 되었지요. 그래서 같은 장애를 가진 아이를 키우는 엄마들을 돕고 싶었고, 마음을 나누고 싶었고, 아이들이 세상에 나가서 자기 몫을 감당하며 함께 살아갈 수 있도록 돕고 싶었어요. 지금 저는 그 일을 하고 있고, 아주 행복해요."

우리는 바람 덕분에 여기까지 왔습니다.

흔들리고 부러지고, 또 언제 불어닥칠지 몰라 숨죽여 기다리는 시간들이 많았지만 바람 때문에 이곳에 있는 게 아니라 바람 덕분에 이곳에 있는 거였네요.

바람 때문에 가지 못한 게 아니라, 바람 덕분에 잠시 쉬어 가네요.

바람 때문에 춥고 외로웠던 게 아니라, 바람 덕분에 더 강해졌네요.

바람은 계속해서 불어올 거예요.

그런데 이제 우리는 이렇게 말할 수 있어요.

"그래서 그게 뭐 어쨌다고!"

자존심과 눈치의 대결

"너희들 진짜 이렇게 싸울 거야? 너는 누나가 되어 가지고! 그럴 거면 둘이 친구해!"

"그게 아니라고요……."

"아니긴 뭐가 아니야?"

"너 때문이야……."

억울함이 가득한 첫째는 둘째를 향해 끝없이 눈빛 레이저를 쏘아 댑니다.

우리에겐 첫째에 대한 기대감과 욕심이 있습니다. 이런 상황에서 첫째가 맏이답게 동생을 좀 너그럽게 용서해 주고, 동생을 잘 보살

펴서 화기애애한 분위기를 만들어 주면 얼마나 좋을까요? 그러나 기대는 언제나 빗나갑니다. 첫째는 태어날 때 고집스러운 자존심을 가지고 태어났기 때문입니다. 자존심에 살고, 자존심에 죽는 첫째에게 타협이란 없습니다. 부모가 매를 들고 와도 절대로 잘못했다고 말하지 않습니다. 우린 그 고집에 더 화가 나는 거죠. 우회전, 좌회전, 유턴은 없습니다. 직진, 외길 인생 첫째들이지요.

대신 눈치 빠른 둘째가 나섭니다. 둘째는 자존심 대신 고도의 눈치 지능을 가지고 태어났지요. 왜냐하면 태어나니 이미 자리를 잡고 있는 형이나 누나, 언니, 오빠가 있었거든요. 살아남는 방법을 본능적으로 알게 되는 거죠.

"누나, 미안해. 내가 잘못했어. 내가 미안해."

"아이고, 잘한다. 동생이 미안하다잖아. 동생이 오빠다."

"미안하다면 다냐고!"

지금 첫째는 미안하다는 영혼 없는 말이 문제가 아닙니다. 이미 조각난 자신의 자존심이 문제인 거죠. 엄마의 눈치를 살피더니 동생이 팔을 내밉니다.

"그럼 한 대 더 때리든지."

이쯤 되면 그림이 그려지지요?

"들어가! 둘 다 방에 들어가서 반성해. 저녁 먹을 때까지 나오지도 마. 알았어?"

"엄마는 알지도 못하면서! 그게 아닌데…….."

첫째는 풀지 못한 억울함 때문에 씩씩거리며 방문을 꽝! 닫고 들어갑니다.

둘째는요? 아무 생각이 없습니다. 그리고 이 순간에도 엄마의 마음을 살핍니다. "엄마 사랑해요. 속상하게 해서 미안해요. 생각하고 만나요." 하며 환한 미소로 손을 흔들며 들어갑니다.

이런 둘째의 모습을 보니, 그리고 조용해진 거실에 덩그러니 남겨지니 후회가 다시 파도처럼 밀려옵니다. 그리고 전화기를 듭니다.

"여보세요. 네, ○○치킨이죠? 치킨 두 마리 배달해 주세요."

둘째의 촉은 온통 엄마에게 향해 있어서 치킨 주문 소리도 들리고, 엄마가 계산하는 소리도 너무나 선명하게 들립니다. 살그머니 나가 화장실에서 손을 평소보다 열 배는 더 깨끗이 씻습니다. 그리고 엄마 앞에 나타납니다.

"엄마, 돈 없으신데 치킨 시켜 주셔서 감사합니다. 저 손 열 번 씻었어요. 냄새 맡아 보실래요?"

"으그, 알았어. 가서 누나나 불러와."

"네, 엄마!"

누나의 방으로 들어가 폭발 직전의 끓어오르는 누나를 부릅니다.

"누나, 치킨 먹자."

그런데 첫째는 치킨과 자존심을 바꾸지 않습니다.

"나가. 나가라고! 내 방에 막 들어오지 말라고 했지?"

"미안해, 누나. 그럼 나갔다가 다시 들어올까?"

"꺼지라고! 하나, 둘, 셋!"

이런 건 누구에게 배웠을까요? 그렇죠. 우리죠.

"엄마! 누나가 나가라고 소리 질러요. 나쁜 말하고요."

이쯤 되면 엄마가 출동하셔야죠.

"너, 나와. 동생이 부르는 거 들었니, 못 들었니?"

"저는 안 먹, 는, 다, 고…… 말했어요."

"안 먹긴 왜 안 먹어. 빨리 일어나. 하나, 둘, 셋!"

첫째의 자존심이 무너집니다.

"안 먹는……다고 했는데……."

울먹이며 엄마를 따라갑니다.

"앉아."

"저는…… 그래도…… 안 먹어요."

"물티슈로 손 닦아."

이때 둘째가 불쑥 튀어나옵니다.

"엄마, 저는 손 열 번 씻었어요."

"동생 손 씻고 기다리는 거 안 보여? 어서 치킨 먹어."

"안 먹어요."

"뭘 안 먹어!"

첫째는 어렵게 치킨 한 조각을 들고 꾸역꾸역 입으로 쑤셔 넣습니다. 설움은 올라오고, 치킨을 든 손은 자꾸 내려갑니다.

무슨 일이 벌어질까요? 체하죠. 우웩!

"너, 들어가. 넌 이게 문제야. 그놈의 고집! 들어가!"

나오라고 할 때는 언제고, 또 들어가라고 소리치는 엄마를 원망하며 힘없이 들어가는 첫째.

"그래서 내가 안 먹는다고 했는데……."

"시끄러워!"

첫째의 방문은 힘없이 닫히고 또다시 둘째가 입을 엽니다.

"엄마, 토하면 나쁜 거죠. 나는 꼭꼭 씹어 먹을게요."

"너 다 먹어. 누나 거 남길 것도 없어."

둘째도 먹을 만큼 먹고 나니 조용히 혼자서 놀다가 잠이 듭니다. 조용히 첫째의 방문을 열고 들어가 보니 설움에 겨워 울다 울다 책상에 엎드려 잠이 들었네요. 얼굴은 눈물, 콧물이 뒤범벅이고 꿈속에서도 울고 있는 듯 훌쩍거리는 걸 보니 엄마 맘도 찢어질 것 같습니다. 물티슈를 가지고 눈물을 닦아 주는데, 첫째가 부스스 눈을 뜨고 일어납니다.

"어, 어, 어, 엄…… 마……."

"그러게 아까 왜 그렇게 고집을 부렸어. 엄마도 속상하잖아."

여기까지 하고 첫째를 데리고 나가 치킨을 먹여 주면 좋을 텐데요. 이 타이밍에 다시 아까 생각이 납니다.

"엄마 봐 봐. 네가 뭘 잘못했는지 말해 봐."

첫째의 자존심. 그냥 치킨을 포기합니다.

"그냥…… 안 먹는 게 좋겠어요…….'

"넌 이게 문제야. 그 고집!"

서러움이 가득한 얼굴로 자존심 강한 첫째가 우리를 바라보며 "엄마."라고 부를 때 우리는 첫째의 눈에 담긴 마음들을 알아차려 주어야 합니다.

첫 번째 마음은 '미안함'입니다.

'엄마, 미안해요. 저한테 기대를 많이 하시는데 제가 자꾸 실망을 시켜 드려서 죄송해요. 엄마를 슬프고 속상하게 해서 죄송해요.'

두 번째는 '억울함'입니다.

'엄마. 저도 아이예요. 저도 좀 돌봐 주세요. 저도 힘들어요. 잘하고 싶은데 그게 잘 안 돼요. 야단만 치지 말고 동생처럼 사랑해 주세요.'

첫째들은 배 속에서부터 책임감이라는 가방을 메고 태어나기 때문에 자신을 잘 표현하지 않습니다. 그냥 묵묵히 견디죠. 사춘기를 심하게 겪는 동생을 보면서, 그런 동생이 부모의 보살핌을 받는 모습을 보면서 부모님 힘들까 봐 사춘기를 혼자 감당했던 자신이, 지금 생각하니 너무 억울했다고 고백하던 한 청년의 이야기를 들은 적이 있습니다. 아이들의 마음에 성인이 되어서까지 가슴에 새겨질 억울함을 남기지 말았으면 좋겠습니다. 억울함은 곧 화가 되니까요.

둘째의 출현이 얼마나 충격적인지를 비유하신 어느 교수님의 이야기가 떠오르네요.

"첫째에게 어느날 갑자기 동생을 데려와 잘해 주라고 하는 건, 남편이 어느 날 퇴근길에 나보다 어린 여자를 데리고 들어와서 '이제 함께 살 우리 가족이야. 그런데 당신보다 나이가 어리니까 잘 돌봐주어야 해. 당신이 언니니까 양보하고, 언니답게 행동해 주면 좋겠어.'라고 하는 것과 같아요."

어떻게 이런 비유를 들 수가 있냐고요? 그만큼 동생의 출현이 첫째에게 커다란 충격을 가져다준다는 뜻입니다.

똑같이 잘했는데 첫째는 당연하고, 둘째는 신기합니다.

똑같이 실수했는데 첫째는 그러면 안 되고, 둘째는 그럴 수도 있습니다.

똑같이 투정을 부렸는데 첫째는 그러면 나쁜 사람 되고, 둘째는 애들이 다 그런 거라며 자연스러운 발달 과정으로 이해해 줍니다.

감정은 위에서 아래로 흘러갑니다. 첫째의 사랑 창고를 잘 채워주면 첫째는 그 사랑으로 동생을 보살피게 되고, 아이들은 이런 과정에서 인간관계의 질서를 배우게 됩니다. 자존심과 자신감도 높아지고요.

첫째의 자존감을 지켜 주세요. 야단을 치거나 훈계를 할 때는 비밀 공간에서 하세요. 칭찬과 격려는 공개적으로 하고요. 집안의 질서와 사회의 질서는 부모의 올바른 훈육에 달려 있습니다.

행동일까? 기분일까?

유치원에서 돌아온 아이가 엄마에게 이야기합니다.

"엄마! 코코아 타 주세요."

오늘 엄마의 기분은 '맑음'입니다.

"알겠어요, 손님. 차가운 거 드릴까요, 따뜻한 거 드릴까요?"

'엄마가 갑자기 왜 저러시지?'

평소와 다른 엄마의 태도에 살짝 불안한 아이는 코코아를 들고 거실 쪽으로 이동하다가 그만 카펫에 홀랑 쏟고 말았습니다.

"엄마……."

"괜찮아요, 놀라셨어요? 카펫은 빨면 되지요."

다음 날, 유치원에서 돌아온 아이가 엄마에게 말합니다.

"엄마! 코코아 타 주세요."

그러나 오늘 엄마의 기분은 '흐림'입니다.

"손 먼저 씻고 와! 그리고 엄마 지금 고무장갑 끼고 설거지하잖아. 무슨 코코아를 맨날 먹으려고 해. 엄마가 너 코코아 타 주는 사람이야?"

"어제 쏟아서 못 먹었는데." 하며 징징거리는 아이에게 퉁명스럽게 컵을 건네며 "시끄러워! 먹어!"라고 합니다.

'오늘은 또 왜 저러시지.'

엄마의 눈치를 살피며 거실 쪽으로 이동하다가 또 카펫에 홀랑 쏟고 맙니다.

"엄마……."

"너, 들어가! 엄마가 코코아 어디서 먹으라고 그랬어?"

코코아를 쏟은 행동은 똑같았으나 엄마의 마음에 따라 오늘은 "괜찮아." 내일은 "너, 들어가!"입니다.

아이들의 행동을 어디까지 수용해 주어야 할까요? 많은 부모님들이 질문합니다. 하지만 어디까지 수용하느냐가 중요한 게 아니라 일관되게 수용과 비수용을 가르치는 태도가 중요합니다. 수용의 영역과 비수용의 영역을 구분하는 수용선이 있습니다. 그런데 이 수용선이 오르락내리락한다는 거죠. 수용과 비수용이 왔다 갔다 하는 이유 세 가지는 다음과 같습니다.

첫째, 부모의 기분입니다.

아빠들이 약주를 거나하게 마시면 자는 아이들을 깨워서 막 용돈을 주지요? 그런데 정작 필요한 돈이 있어서 용돈을 달라고 할 때에는 "돈 좀 아껴 써라. 땅 파면 돈 나오냐? 아빠가 돈 버는 기계야?"라고 합니다.

엄마들은 또 어떤가요? 할머니 집에 가는 중 아이가 "엄마, 힘들어요."라고 말했을 때, 기분이 좋으면 "엄마가 업어 줄까?"라고 하지만 기분이 나쁘면 "너만 힘들어? 엄마도 힘들어. 그러니까 엄마가 그 슬리퍼 신지 말랬지? 엄마도 몰라." 하고 말하지요.

부모들이 먼저 기분을 점검하고 다스릴 줄 알아야 합니다.

둘째, 상황입니다.

아이들에게 가정은 가장 안전한 장소여야 하고, 부모는 가장 안전한 사람이어야 합니다. 그런데 때때로 가정과 부모는 가장 안전하지 않은 곳이 되고, 대상이 되곤 합니다. 그러니 아이들은 집에서는 숨죽여 있다가 마트나 문구점 앞에서 소리를 지르고, 떼를 쓰지요. 주변 사람들의 시선 때문에 집에서처럼 혼내지 못하고 달래거나 쩔쩔매는 엄마의 태도를 아이들은 이용하는 거지요.

집에 손님이 오는 경우도 마찬가지입니다. 어려운 손님일수록 아이들의 돌출 행동은 과격합니다.

"얘가 오늘따라 왜 이러지. 안 돼요. 엄마가 이따가 해 줄게. 원래 이러는 아이가 아닌데……."

상황이나 장소에 관계없이 수용과 비수용을 구별해야 합니다.

셋째, 부모의 가치관입니다.

퇴근한 아빠가 "얘들아, 아빠 왔다. 피자 먹자." 하며 거실 가운데 피자 한 판을 펼쳐 놓습니다.

"여보, 지금 저녁 먹을 건데 밥 먹고 먹어요."

"밥이야 맨날 먹는 건데 피자가 밥이지 뭐."

컴퓨터를 하던 아들, 장난감을 가지고 놀던 딸이 달려와 피자 한 조각씩 덥석 잡습니다.

"와! 맛있겠다. 나 이거 먹어야지!"

"얘들 좀 봐. 손 씻고 와. 마우스가 변기보다 더 더러워! 장난감 만진 손으로 먹으면 병 걸린다고!"

"괜찮아. 그냥 먹어. 아빠는 어릴 때 흙도 집어 먹고 살았어. 안 죽어. 그냥 먹어."

저녁 준비가 얼마나 힘듭니까. 외면당한 저녁 식사도 화가 나는

데, 아이들의 위생까지 무시하는 남편이 야속하기만 합니다.

자, 아이들은 누구의 말을 들을까요?

그 집의 권력자입니다.

아빠가 권력자라면 "아빠가 그냥 먹어도 된대죠."라며 엄마의 눈치를 보며 조심스레 피자를 입에 넣을 거고요, 엄마가 권력자라면 "아빠, 이거 내 거예요. 만지지 마세요. 빨리 손 씻고 올게요."라고 말하겠죠.

이런 아이들이 세상에 나가면 누구의 말을 들을까요?

옳고, 그름을 판단하기도 전에 권력자의 편에 서지 않을까요?

아이들은 생후 5개월이 되면 선악을 구별하는 능력이 생긴다고 합니다. 우리가 생각하는 것보다 아이들은 훨씬 이른 시기에 더 많은 생각을 할 수 있고, 더 좋은 결정도 할 수 있다는 이야기이지요.

학교 폭력이 날로 심각해지고 있고, 폭력의 형태는 말로 표현하기 어려울 정도로 끔찍합니다. 친구가 심하게 맞고 있는데 구경을 하거나 박수를 치며 환호성을 지릅니다.

교육은 말로 하는 것이 아니라 삶으로 보여 주는 것입니다. 무엇이 중요한지, 무엇이 옳은지 부모가 먼저 의논하고, 타협한 후에 아이들에게 보여 주어야 합니다. 부모도 자기 생각이 무조건 옳다는 고집을 버리고, 더 좋은 방법이 있다면 때로는 양보도 하고, 사과도 할 줄 알아야 합니다. 우리의 목표는 내가 맞고, 네가 틀리다가 아니라 우리 아이들이 건강한 사람으로 자라나는 데에 있기 때문입니다.

"아빠 생각이 짧았네. 아빠랑 같이 손 씻고 올까?"

"아, 엄마가 힘들게 저녁을 준비하셨네. 우리 엄마가 해 주신 밥 먼저 먹고 피자는 나중에 먹어야겠다."

"엄마는 손을 씻고 먹었으면 좋겠는데, 그럼 물티슈로라도 깨끗이 닦고 먹을까?"

"너나 잘하세요."

이 말은 너만 잘하라는 말이 아닙니다. 너도 잘하고 나도 잘해야 한다는 말입니다. 부와 모가 함께 잘해야 합니다.

부부 싸움을 할 때 아이들이 느끼는 공포감은 언제 터질지 모르는 시한폭탄을 들고 있는 것과 비슷하다고 합니다. 손에 묻은 세균보다 마음에 새겨지는 부모의 독설이나, 절제되지 않은 부부간의 언쟁이 더 위험하다는 걸 기억하세요.

마음이 고픈 아이들

"너는 몇 살이야?"

"몇 살이면 뭐 하실 건데요?"

아뿔싸! 나이가 진짜- 궁금해서 묻는 게 아닌 형식적인 질문이라는 걸 들키고 말았네요.

"아, 미안. 말하고 싶지 않으면 안 해도 돼."

침묵이 좀 흘렀고, 아이는 조금씩 경계심을 늦추는 듯했습니다.

"저 여섯 살이요."

"아, 여섯 살이구나. 그런데 여섯 살인 우리 친구도 고민이 있니?"

"저요? 음…… 네. 엄마가 아침마다 국에 밥을 말아 줘요."

우리는 왜 아침마다 아이 밥에 국을 말아 주는 걸까요? 좀 빨리, 많이 먹으라고 그러는 것이지요. 그래야 하루를 든든하게 보낼 수 있을 거고, 건강하게 잘 자랄 테니까요. 그래서 배는 부른데, 아이들의 마음은 고프네요.

다른 상황을 한번 볼까요?

어느 날 남편이 묻습니다.
"당신 뭐, 먹고 싶은 거 없어?"
"웬일이야? 뭐 잘못한 거라도 있어?"
"이 사람이! 뭐 먹고 싶은지 말하라는데 왜 사람을 의심해?"
"음…… 그럼 나는 콩나물국밥! 며칠 전부터 왜 그렇게 얼큰하고 뜨끈한 콩나물국밥이 먹고 싶은지……."
"당신은 남편이 오랜만에 외식 좀 시켜 주려고 하는데 고작 콩나물국밥이야? 당신 남편을 뭘로 보고?"
"아니, 먹고 싶은 걸 말하라면서?"
"그거 말고 다른 거 좀 근사한 걸 말해 보라고. 아무튼 입이 촌스러워서야……."

결국 근사한 이탈리안 레스토랑에서 파스타와 피자를 배 터지게 먹고 나왔습니다. 배는 터지는데 속은 니글거리고 마음은 허전합니다.

먹고살기 어려웠던 시절에는 부모에게 매를 맞아도 시장에서 어묵 꼬치라도 하나 얻어먹으면 마음이 녹았던 때가 있었습니다. 어묵 꼬치는 곧 엄마의 사랑이었거든요.

"손 들고 서 있어. 엄마는 이제 너희들 엄마 안 해!"

너무나 단호하게 문을 꽝 닫고 사라지는 엄마의 뒷모습을 잡지도 못하고 꺼이꺼이 엄마를 외치며 삼류 소설은 시작됩니다. '엄마 없는 하늘 아래……'

그런데 한 시간쯤 지났을까요? 노란 봉투에 담긴 통닭 한 마리를 들고 엄마가 나타나는 순간, 엄마의 사랑에 감격해서 닭똥 같은 눈물을 뚝뚝 흘리며 말합니다.

"엄마 잘못했어요. 이제 말 잘 들을게요. 엄마 사랑해요."

하지만 지금은 더 이상 배가 고파 죽는 시대가 아닙니다. 무엇을, 얼마나 잘 먹이느냐가 아니라 아이가 무엇을 먹고 싶은지 알아차려 주는 것이 중요합니다. 얼마나 자주 외식을 하느냐가 아니라, 아이가 어떤 메뉴를 좋아하는지 알아차려 주는 것이 마음을 움직일 수 있습니다. 마음을 채워 주는 일은 곧 마음을 알아차려 주는 것입니다.

아이가 "엄마, 이번에 새로 나온 치킨이 있는데 완전 난리 났어요."라고 말할 때 "손 씻고 숙제나 해. 너는 맨날 치킨 타령이야."라고 하시나요?

아내가 "여보, 올해는 꽃무늬 원피스가 유행이래. 옷 가게들이 온통 꽃무늬야."라고 말할 때, "얼른 밥이나 해."라고 말하시나요?

당장 치킨을 사 달라고 말하는 것도, 당장 꽃무늬 원피스를 사러 가자고 말하는 것도 아닙니다. 마음을 알아 달라는 거지요.

"우리 아들 새로운 치킨이 먹고 싶구나?"

"당신도 꽃무늬 원피스 입고 싶구나?"

앞에서 이야기한 남편이 "당신 콩나물국밥 먹고 싶었어? 어디 보자. 어디 콩나물국밥이 맛있을까?"라고 했다면 우린 이미 콩나물국밥을 먹은 것만큼이나 고맙고 배부르지 않을까요? 누군가 내 마음을 알아차려 주면 그것만으로도 문제는 50% 해결됩니다. 나머지 50%는 함께 풀어 가면 좋고, 그렇지 못한다 해도 스스로 견뎌 낼 힘이 생기는 거죠. (문제 해결은 3장에서 자세히 다루도록 할게요.)

마음이 고픈 아이들과 어른들은 위로받을 만한 것을, 위로받을 장소를, 위로받을 사람을 찾아 방황합니다.

동생이 밉다고 소리치는 아이
학교에 안 가겠다며 가방을 내던지는 아이
친구랑 싸우고 속이 상한 아이
실수로 바지에 오줌을 싼 아이
나는 아무것도 못 한다고 실망한 아이

화가 나서 소리 지르고 후회하는 나

해 놓은 게 하나도 없이 시간만 버리고 있다고 느껴지는 나

미래가 보이지 않아 답답한 나

계획한 일이 잘되지 않아 실망한 나

관계가 점점 멀어져 소통이 힘든 나

이러려고 결혼했나, 부모가 됐나 자괴감이 드는 나

우리 모두는 지금 마음이 고픈 게 아닐까요?

감정은 부메랑

아이들을 재우고 나서 참았던 눈물이 쏟아졌습니다. 얼마나 참았던지 나도 모르게 '꺼이꺼이' 소리가 자꾸만 입 밖으로 새어나왔습니다. "엄마, 괜찮아?" 잠들었던 아이들이 눈이 휘둥그레져서 어느새 제 곁에 조용히 서 있었습니다.

아침에 일어나 보니 책상 위에 딸의 편지가 놓여 있습니다.

"엄마, 힘들면 울어도 괜찮아. 사람에겐 누구나 힘든 비밀이 있는 거잖아."

감정은 부메랑입니다. 주는 만큼, 그리고 주었던 모양대로 반드시 되돌아옵니다.

"우리도 사람인데 어떻게 매번 들어 주고, 이해해 주나요? 우리가 아무리 노력해도 아이들이 바뀌지 않으니까 힘이 빠져요."

맞아요. 매번 들어 주고, 이해해 주고, 감정을 절제하며 차분하게 이야기할 수는 없습니다. 열 번 중에 다섯 번 정도만 도와주세요. 아이들도 나머지 다섯 번은 공감받은 힘으로 이겨 낼 거예요.

EBS의 교육 다큐멘터리 〈학교란 무엇인가〉의 한 토막입니다.

〈A팀〉

엄마: 어제같이 밤새서 컴퓨터 하지 말고.

아들: 어제는 진짜 너무 하고 싶어서 참을 수가 없었어요.

엄마: 그런 충동을 조절할 수 있게 계획표 같은 것을 세워 놓으면 조절이 되지 않을까?

아들: 계획표 세운다고 해서 과연 지킬까요?

엄마: 그러게, 너는 나름대로 줄였다고 하는데 엄마가 볼 때에는 다른 사람들보다 훨씬 더 많이 하는 것 같아. 물론 무아의 경지에서 엔도르핀 생기는 그런 일을 한다는 건 되게 좋은 거 같아. 하지만 컴퓨터를 해도 시간 조절은 해야 해. 엄마 조건은 컴퓨터 시간 조절하는 것과 운동하는 거, 건강 챙기는 거야. 할 수 있겠니?

아들 : 음, 그 정도면 되죠.

두 사람의 대화 거리와 마음의 거리는 참으로 가깝습니다. 이야기를 나누는 내내 A팀 모자의 편안한 목소리와 표정이 인상적입니다.

〈B팀〉

엄마: 내내 컴퓨터나 하고 있으면, 엄마가 그런 모습 볼 때 좋겠냐?
아들: 아…….
엄마: 집에 오면 솔직히 짜증 나. 너 컴퓨터게임만 하고 있는 거 보면. 게임도 머리에 들은 게 있어야 하지. 매일 게임만 하면 그게 되냐? 머리는 확 비어 있는데 게임만 하고 있어? 네 동생들이 보고 뭘 배우냐고.
아들: 컴퓨터 하는 거 배우겠죠. (코웃음)
엄마: 네가 이렇게 이야기하니까 내가…….
아들: 아, 알았어. 아, 진짜.
엄마: 참, 저거 봐.
아들: 아, 짜증 나요.

두 사람의 대화의 거리, 마음의 거리는 참으로 멀기만 합니다. B팀 모자는 이야기를 나누는 내내 불편하고 짜증이 가득한 목소리와 표정입니다.

이 두 팀의 모자가 어느 날 갑자기 이렇게 가까워지고, 멀어진 걸까요? 닭이 먼저냐, 달걀이 먼저냐의 문제일 수 있지만, 부모 자녀 관계에 있어서는 닭이 먼저라고 생각합니다. 아이들은 자신의 감정에 반응하는 부모의 태도를 통해서 감정 사용 방법을 배우게 되니까요. 들어 주는 부모에게 자녀들은 고마운 마음이 생기고 마음의 빚을 지게 됩니다. 언젠가 꼭 갚고 싶은 거죠.

또 다른 예를 들어 보겠습니다. 결혼을 했는데 할 줄 아는 게 아무것도 없는 거예요. 그런데 함께 사는 시어머니께서 그런 나를 이해해 주시고, 힘껏 도와주시며 이렇게 말씀하시는 거죠.

"괜찮다. 결혼하면 뭐 다 잘해야 하니? 이 정도도 충분해. 네가 내 며느리로 와 준 것만으로도 나는 너무 감사하고 행복하단다. 힘들면 언제든 이야기해라. 난 무조건 네 편이다."

상상만 해도 울컥 눈물이 나려고 하네요. 그런데 이런 시어머니가 노인정 할머니 꼬임에 빠져서 어느 날 200만 원짜리 안마기를 들고 오셨다면요?

"어머니! 정신이 있으세요? 우리 형편에 200만 원짜리 안마기라니요? 그런 거 다 사기예요. 당장 가서서 반납하고 오세요.'라고 쏘아붙이는 며느리는 없을 거예요.

대신 "어머니, 안마기가 필요하셨어요? 와! 진짜 좋아 보이네요. 이제 우리 어머니 30년은 더 오래 사시겠네요. 잘하셨어요. 제가 진작 사 드렸어야 하는데."라고 하겠지요. 받은 만큼 돌려주는 것입니다.

저축은 많이 해 두셨나요? 노후 대책은 노(NO) 대책이십니까? 앞으로 20년 뒤에는 자녀 한 명이 부모 한 명을 책임져야 하는 시대가 온다고 하네요.

책임을 진다는 것을 '어쩔 수 없이 해야 할 일이니까 마지못해 해야지'보다 '내가 너무 사랑하니까' '내게 너무 소중한 일이니'라고 생각해 보세요. 마음이 우러나서 책임을 다한다면 같은 일이라도 훨씬 더 신나고 즐겁게 감당할 수 있겠지요. 부모니까 어쩔 수 없이가 아니라 내가 너무나 존경하고, 감사하고, 소중한 부모님이니까.'라고요.

이런 마음은 통장에 저축해 놓은 돈의 액수로는 해결되지 않을 문제인 듯합니다. 하고 싶은 마음, 바로 '감정'의 문제입니다.

7세 이전에 아이들의 마음에 긍정적인 감정을 많이 저축해 놓으셔야 합니다. 어느 별에서 왔는지 도대체 말이 통하지 않는 사춘기 때를 위해서요. 저축해 놓은 감정을 하나씩 꺼내도 파산이 되지 않을 만큼 넉넉하면 좋겠지요?

강의에서도 '긍정적 감정 저축'의 중요성을 이야기했더니, 한 수강생이 이렇게 말하더군요.

"선생님 말씀대로 들어주었더니 이 녀석이 머리 꼭대기에 앉으려고 해요. 그리고 계속 말도 안 되는 요구를 쏟아 내요."

"그래서 어떻게 하셨어요?"

"결국 소리 지르고 끝났죠. 내가 네 말을 들어준 게 잘못이다. 이러면서요."

감정 계좌에 긍정적인 감정이 넉넉히 쌓여 있다면 화를 낸 엄마나 화를 받은 아이나 잠깐 동안 마음이 좀 상하겠지만, 곧 자신을 돌아보게 됩니다. 그리고 더 좋은 방법을 찾아 의논하게 되지요.

그런데 반대의 경우라면 지난 일들에 대한 화까지 떠오르면서 밑마음에 숨겨져 있던 감정이 감정을 만나고, 커지고, 결국 다른 상황에서 또 터지게 되는 거죠.

처음에는 콩알만 한 크기의 부정적 감정이었는데 이렇게 악순환을 거듭할수록 내가 통제할 수 없는 만큼 커지게 되고, 커진 감정만큼 관계는 깨지고, 멀어집니다.

그러나 걱정할 건 없습니다. 저축에는 좋은 시기가 없고, 일단 통장을 만들어서 정기적으로 입금을 하는 게 중요합니다. 일찍 시작한 저축보다 시간은 더 걸리겠지만, 매달 입금 금액을 좀 더 늘린다면 시간도 문제가 되지는 않겠지요.

감정도 마찬가지입니다.

"잘했어. 어떻게 이렇게 멋진 생각을 했어?"

"엄마는 아들(딸)이 있어서 너무 행복해."

"오늘도 진짜 수고했네."

"고마워."

"사랑해."

"엄마는 아들(딸)이 진짜 자랑스럽다!"

어린 자녀들이 있다면 저축할 만한 감정들을 종이에 적어 벽에 붙여 놓으세요. "오늘은 엄마가 무슨 말을 해 줄까?" 물은 뒤, 아이가 듣고 싶은 말을 저축해 주고, 따뜻하게 꼭 안아 주세요.

저금통에 쓰지 않는 동전들을 모으다 어느 날 열어 보니 "와! 언제 이렇게 많이 모았지?" 하고 놀랄 때가 있죠? 티끌 모아 태산입니다. 우리 아이들의 모습에서도 놀랄 때가 반드시 올 거라 믿습니다. 감정을 새롭게 디자인할 가장 좋은 시기는 바로 '지금'입니다.

자극과 반응 사이

"엄마 살 좀 빼세요. 그러다가 돼지 되겠어요. 내 친구 엄마들은 몸매 관리도 잘하던데."

아들의 뾰족한 자극이 들어오네요. 하지만 우리의 반응을 결정하는 건 자극이 아니라 자극과 반응 사이에 있는 바로 이것, 자극을 받고 있는 순간의 '감정'과 '상황'입니다.

점심때 동창 모임에서 학창 시절 추억도 나누었고, 나름 자식 바르게 잘 키웠다고 친구들에게 부러움의 대상이 되어 우쭐했고, 사업하는 친구가 거한 점심도 사고, 평소 갖고 싶었던 작은 액세서리도 선물 받았습니다. 그런데 아들이 이런 자극을 '툭' 하고 던지는 거예요.

"아들, 그래도 엄마가 오늘 동창회 나가서 너 바르게 잘 키웠다는 말 엄청 많이 들었어. 이모들이 엄마를 얼마나 부러워했는데? 이 몸매가 바로 훈장이라고. 엄마도 니들 다 키우고 나면 관리할 거야. 걱정해 줘서 고맙다."

또 다른 상황을 한번 만나 볼까요? 동창 모임에 갔는데 친구들이 학창 시절 나의 불편한 추억들을 꺼내며 자기들끼리 좋아라 하네요. 너무 재밌지 않냐면서요. 거기다 "너는 집에 있으면서 자식 매니저도 안 하고 뭐 했냐. 요즘 세상엔 착하기만 하면 아무 소용없다."라고 하면서 은근히 무시하는 거죠. 음식에 비해 점심값이 너무 비싸서 괜히 왔나 후회도 되는 찰나, 한 친구는 내가 평소 관심 있었던 액세서리를 남편이 매일 사 준다며 자랑을 하네요. 이런 상황에서 살 좀 빼라는 아들의 자극을 받은 거죠.

"엄마 살 좀 빼세요. 그러다가 돼지 되겠어요. 내 친구 엄마들은 몸매 관리도 잘하던데."
"야, 엄마는 이렇게 살고 싶어서 사는 줄 알아? 니들 뒷바라지하느라고 엄마 돌볼 틈이 어딨어? 너 이번 시험 어떻게 봤어? 죽어라고 뒷바라지를 하면 뭐 해. 밑 빠진 독에 물 붓기지. 다른 애들을 좀 봐. 얼마나 치열하게 사는지. 엄마 걱정하지 말고, 네 걱정이나 해. 나도 지겹다. 정말."

자극을 받아들일 준비가 되지 않았다면 잠시 숨 고르기를 하며 마음을 점검하세요. 지금 들어오는 자극에 기분이 나쁜 건지 이미 쌓여 있는 감정에 플러스가 된 건 아닌지 살피세요.

"엄마가 오늘 오랜만에 동창회에 나갔었는데 썩 기분이 좋지 않았어. 그런데 아들이 그렇게 얘기하니까 평소보다 더 섭섭하고 화가 나네."

같은 자극이지만 이전 경험에 따라 자극을 해석하는 정도도 달라집니다. 우리는 이것을 '가치관'이라고 합니다.

매사에 완벽함을 추구하는 어떤 부모가 식사 시간에 물을 자주 쏟고, 반찬을 흘리는 자식을 매번 호되게 야단친다고 합시다. 그럼 자연히 자녀도 식사 시간에 음식을 흘리거나 물을 쏟는 행동은 나쁜 행동이라고 생각하겠죠.

자신의 감정을 조리 있게 설명하는 대신 속상하거나 답답하면 눈물부터 흘리는 아이가 있는데, 부모가 이런 아이의 모습에 화를 내고 비난한다면요? 당연히 아이도 우는 건 나쁜 행동이라고 생각하겠죠.

이렇게 부모의 반응에 따라 가치관이 형성됩니다.

자극과 반응 사이에 있는 '감정' '상황' '가치관'을 잘 다루어 준다면 반응은 얼마든지 조절할 수 있겠지요?

이때 잊지 말아야 할 게 또 하나 있습니다. 들어온 자극에 숨겨 둔 감정을 덧붙이지 마세요.

'아들이 나를 무시하는구나.'

'다른 엄마들은 날씬한데 나는 그렇지 않아서 내가 창피한가 보네.'

'나도 이런 내 모습이 참 한심하고 싫다.'

'혹시 나에게 무슨 병이라도 있는 건가.'

숨어 있는 감정은 평소에는 잘 드러낼 수 없었기 때문에 터져 나올 기회만을 노리고 있답니다.

감정을 덧붙이지 말고, 사실만 보세요. 평소에 감정을 쌓아 두지 말고, 바로바로 해결하는 연습을 해 보세요. 부모의 오르락내리락 요동치는 감정은 아이들을 혼란스럽게 합니다.

혹시 '저도 잘 아는데 잘 안 돼요. 아무래도 저는 안 되나 봐요.'라고 생각하시나요? 안 되는 건 없습니다. 안 된다는 생각이 있을 뿐이고, 할 수 있도록 습관을 들이는 노력을 하지 않았을 뿐입니다.

기질대로 사는 아이

"누굴 닮아서 저렇게 까칠하니?"

"누굴 닮아서 저렇게 덜렁거려?"

우리 아이가 누굴 닮았을까요? '엄마 소도 얼룩소, 엄마 닮았네.'라는 노래도 있지 않습니까? 아무리 부인하려고 해도 그 누구는 '우리'일 수밖에 없습니다.

"저희 아이가 요즘 좀 이상해요. 이상한 행동을 하고, 나쁜 말도 하고. 같은 반에 어떤 친구가 있는데 아무래도 그 아이 영향을 좀 받은 것 같아요."라고 말하는 부모가 있습니다. 그럴 수도 있지요. 그러나 같은 반 친구가 내 아이에게 영향을 주는 건 잠깐입니다. 그럼 내가 내 아이에게 영향을 줄 수 있는 건 몇 년이나 될까요? 누구의 영향을 더 받고 있는지 더 말하지 않아도 아시겠지요?

타고난 기질은 변하지 않습니다. 그러나 부모가 기질을 받아들여 주면 성격이 발달합니다. 다시 말해 대상이나 상황에 따라 기질 반응을 통제하고, 조절하는 힘이 생기는 거죠.

성격은 유전적인 요인이 50%, 환경적인 요인이 10%, 나머지 40%는 자신의 의지에 따라서 달라진다고 합니다. 최근 심리학의 흐름을 보면 유전적인 요인보다 환경과 개인의 의지가 성격 형성에 더 크게 작용한다고 보고 있습니다.

"저 사람은 성격이 참 좋아."라는 말에서 성격은 단순히 '착함'만을 의미하지는 않습니다. 성격이란 사람의 기분, 태도, 의견을 포괄하며, 다른 사람들과 상호 작용에서 가장 뚜렷이 드러납니다.

성격이 좋은 사람은 타인과의 관계 조율이 탁월합니다. 행복이란 소유가 아니라 관계이므로 성격이 좋은 사람이 더 많이, 자주 행복을 느끼겠지요.

"저 사람은 성적이 참 좋아." 이 말은 뭔가 낯설지요? 우리는 살면서 성적보다 성격으로 평가받고 인정받을 일이 훨씬 더 많습니다. 부모가 관리해야 하는 건 성적이 아니라 성격이라는 것이죠.

"나 원래 이런 사람이야!"라고 말하는 사람이 제일 무섭습니다. "그래서 어쩌라고?"라고 말하는 사람도 만만치 않지요. 그럼 "나는 우리 아이랑 성격이 안 맞아."는 어떨까요? 이 말을 다시 풀어 보면 "난 조절 능력이 없는 사람이야. 그러니 좀 도와 달라고."라는 말일 수도 있습니다.

어른이 된다는 건 생긴 대로 사는 것이 아니라 생긴 모습을 조절해서 함께 잘 살아가는 방법을 찾는 것을 말합니다. 기질이 다르고, 조절 능력이 없는 아이와 부모가 한집에서 살아갑니다. 다름을 인정해 주면 되는데, 달라서 부딪히고, 상처를 받습니다.

고슴도치를 사랑하고 싶었던 거북이가 뾰족한 가시나무를 등껍데기에 덮고 고슴도치를 안아 주었던 것처럼, 부모가 변해야 나와 다른 내 아이를 안아 줄 수 있습니다.

사과나무에서는 사과가 열려야 하고, 사과는 사과 맛을 내야 합니다. 그런데 사과나무에게 사과에서 배 맛이 나서 좋다고 칭찬하면 어떨까요? 마찬가지로 내가 아는 나의 모습과는 다른 모습의 칭찬을 들으면 잠시 기분이 좋아지는 것 같지만 곧 불편하고, 불안하고, 때로는 불쾌하기도 합니다. 부족하지만 있는 모습 그대로를 인정받을 때 우리는 편안해지고, 자신을 돌아볼 여유도 갖게 됩니다. 우리가 비난하고 지적하는 아이들의 기질 반응이 어쩌면 그 아이의 인생을 빛나게 할 대표 강점이 될 수도 있다는 걸 기억했으면 좋겠습니다. 미운 오리 새끼가 백조가 된 것처럼요.

감정 다이어트

"엄마, 노래 불러 드릴까요?"
"엄마, 동화책 읽어 드릴까요?"
"엄마, 하늘나라에 전화해 볼까요? 삼촌 바꿔 달라고?"
"엄마, 사랑해요. 힘내세요."

제 딸이 일곱 살 때 저는 사랑하는 동생을 하늘로 보내야만 했습니다. 갑작스러운 일이어서 동생이 없는 사실을 받아들이고 적응하기까지 참으로 긴 시간이 걸렸습니다. 그렇게 1년 정도 무기력하게 늘어져 있는 제 곁을 지켜 준 건 어린 딸아이이었습니다.

어느 날 밤, 작은 방에서 딸아이의 말소리가 들려 가만히 들어가 보니 의자를 끌어다가 창문 앞에 두고, 의자 위에 올라가 달을 보며 기도를 하고 있더군요.

"우리 엄마가 많이 슬퍼해요. 계속 계속 울기만 해요. 우리 삼촌에게 우리 집으로 전화하라고 전해 주세요. 우리 엄마는 삼촌이 하늘나라에 가서 많이 힘드신데, 저는 엄마가 슬퍼서 너무 힘들어요. 엄마랑 소꿉놀이도 하고, 놀이터도 가고 싶고, 같이 춤도 추고 노래도 불러야 하는데……. 저도 너무너무 힘이 들어요. 그러니까 빨리 우리 엄마에게 힘을 주세요. 저는 우리 엄마가 행복해졌으면 좋겠어요."

슬퍼하지 말라는 게 아닙니다. 슬픔은 누구나 느낄 수 있고 또 느껴야 하고 표현해야 하는 감정입니다. 다만 중요한 것은 부모가 슬픔의 감정을 키워 내는 모습을 보며 아이도 자연스럽게 감정 처리 능력을 키우게 된다는 거지요.

"울지 마."

"뚝 하고 말해."

"자꾸 울면 울보 된다."

슬픔의 감정은 숨긴다고 사라지지도, 터트린다고 시원해지지도 않습니다. 부모가 아이들이 행복해지기를 바라는 만큼 아이들도 우리의 행복을 간절히 바라고 있다는 사실을 알고 있나요? 엄마가 행복해지기만을 이토록 간절히 바라는 아이들에게 우리는 뭐라고 소리를 치나요?

"엄마도 힘들어 죽겠다고!"

"엄마가 너 때문에 속상해서 못 살겠어!"

사랑하는 엄마가 나 때문에 힘들어 죽겠다고 하면 아이들 마음에는 어떤 감정들이 생길까요? 죄책감을 느끼겠지요. 그리고 그 죄책감은 자존감 상실로 이어지며, 기질에 따라서 분노조절장애나 우울증 같은 모습을 드러내게 되지요. 무작정 소리 치지 말고, 엄마도 슬픈 감정을 느낄 수 있고, 울고 싶을 때가 있다는 걸 자연스럽게 보여 주세요.

앞서 말씀드린 제 경우라면, 딸아이에게 이렇게 말해 줄 수 있겠지요.

"삼촌이 갑자기 하늘나라에 가서 엄마는 지금 많이 슬퍼. 눈물이 계속 나와. 엄마가 기운 낼 수 있도록 도와줘서 고마워. 그런데 엄마를 좀 기다려 줄 수 있겠니?"

음식을 적당히 먹고, 균형 있는 운동으로 비워 내기를 해야 우리가 진정 원하는 다이어트에 성공할 수 있습니다. 감정도 마찬가지입니다. 감정이 들어오는 걸 막을 수는 없습니다. 느껴지는 감정을 부정할 수도 없습니다. 들어오는 감정을 적절하게 비워 내야 하는 것이지요. 처음에는 어렵고 어색할 거예요. 하지만 눈에 보이는 살을 빼는 것보다 눈에 보이지 않는 감정을 빼는 일이 훨씬 더 급하고, 중요한 일이라는 걸 기억하세요.

감정을 빼는 게 우리 삶에 플러스가 됩니다.

감성 지능이 왜 중요할까?*

도미노 게임 많이 해 보셨지요? 정해진 모양을 거의 다 완성할 즈음 한 친구가 실수로 도미노를 건드려 힘겹게 공들여 세워 놓은 도미노가 모두 쓰러져 버렸습니다. 도미노의 늪이죠.

한 팀에서는 "괜찮아. 다시 시작하자. 우리 조금씩 멀리 앉으면 어떨까? 그리고 다 같이 하지 말고 구역을 나누자."라고 하고, 다른 한 팀에서는 "야! 너가 책임져. 너 때문에 다 망했어. 이걸 언제 다시 하냐고! 아, 짜증 나. 나 안 해!"라고 언성을 높입니다.

* 트래비스 브래드베리, 진 그리브스 저, 김규태 역, 『감성지능 코칭법』, 넥서스BIZ, 2011 참고.

여러분들은 이성적인 방법으로 문제를 해결하나요? 감정적인 방법으로 문제를 해결하나요? 대부분 많은 사람들이 자신은 이성적인 방법으로 문제를 해결하고, 상황에 대처한다고 착각합니다. 중요한 의사 결정을 내려야 할 때 이성을 사용하는 것 같지만, 실은 감정이 훨씬 앞서서 작용을 하게 됩니다.

비가 오는 날 아침, 엄마들은 만사가 귀찮아집니다. 특히나 부모 교육이라도 잡혀 있으면 우리는 가지 않아도 될 이유를 만 가지쯤 생각해 낸 후 스스로를 합리화합니다.

'오늘 교육 주제를 보니 지난번에 들은 내용이랑 거의 비슷한 것 같아.'

'많이 듣는 것보다 그동안 들은 걸 실천하는 게 더 중요해.'

'몸살 기운도 있는데 괜히 나갔다가 더 안 좋아지면 어떡해. 그냥 쉬는 게 낫겠어.'

'꿈자리가 뒤숭숭한데, 이런 날은 그냥 가만히 집에 있는 게 최고야.'

'입고 갈 옷도 마땅치가 않네. 살이 쪄서 맞지도 않고.'

비는 우리에게 뭘 그렇게 잘못한 걸까요? 그래서 우리는 이성을 다루는 능력을 훈련하는 게 아니라 감정을 다루는 능력을 훈련해야 하는 겁니다.

앞서 이야기한 것처럼 자극과 반응 사이에 있는 감정을 잘 다룰 수만 있다면 우리는 같은 자극에도 더 좋은 반응을 선택할 수 있을 테니까요.

감성 지능(EQ)이란 자신과 타인의 감정을 인식하고 이해하는 능력, 그리고 이러한 인식을 활용하여 자신의 행동과 관계를 조절하는 능력을 말합니다.

감성 지능은 우리 안에 있는 '어떤 것'을 이용하여 우리가 눈으로 볼 수 있는 것이 아닙니다. 하지만 이는 우리가 행동을 조절하고 사회에서 복잡한 상황을 헤쳐 나가며 바람직한 결과를 얻을 수 있는 결정을 내리는 데에 영향을 미치게 되는 거죠.

현재까지 알려진 바로는 감성 지능과 인지 지능(IQ) 사이에는 아무런 관계가 없습니다. 따라서 '머리가 얼마나 좋은가' 하는 것만을 근거로 감성 지능을 판단할 수는 없습니다. 인지 지능은 변할 수 있는 것이 아닌, 태어날 때부터 정해진 것입니다. 하지만 감성 지능은 학습을 하면 변할 수 있는 기술입니다.

그럼 감성 지능의 기술에 대해 알아볼까요? 감성 지능 기술은 크게 개인적인 능력과 사회적인 능력으로 이루어집니다.

개인적인 능력으로 첫째, 자기 인식 능력입니다. 자신의 감정을 정확하게 파악하고 이해하는 능력을 말합니다. 현재 감정이 일어난 원인을 찾고, 현재의 상태에 대해 충분히 생각하는 능력입니다.

"나는 지금 왜 화가 나는가?"

"내 기분은 지금 어떠한가?"

"집이 엉망이어서 화가 난 걸까?"

이와 같이 보이는 감정 외에 숨은 감정까지도 알아차릴 수 있는 능력입니다.

둘째, 자기 관리 능력입니다. 자신이 느끼는 감정을 바람직한 방향으로 이끌어 가는 능력입니다.

'집이 너무 난장판이라서 화가 나네. 몸도 피곤한데.'라고 생각된다면 "진짜 너무한 거 아냐? 내가 무슨 청소부도 아니고!"라고 소리치는 게 아니라 "집이 난장판이라서 화가 좀 나요. 지금 몸이 좀 피곤해서 정리할 기운이 없어서 그런 것 같아요. 당신이 좀 도와줄 수 있어요? 너희들도 좀 도와줄래?" 하고 반응할 수 있는 능력입니다.

다음으로 **사회적인 능력으로는 첫째, 사회 인식 능력입니다.** 다른 사람의 입장을 헤아리고, 감정에 공감해 주는 능력을 말합니다. 듣기와 관찰은 사회 인식에서 가장 중요한 요소입니다. 드라마나 영화의 한 장면도 놓칠 수 없는 것처럼, 아이가 신호를 보내면 행동과 감정을 세심하게 관찰하고, 그 신호를 잘 들어 주어야 하는 거죠.

"오늘은 왜 이렇게 어린이집 가는 준비를 천천히 하는 거야?"

"오늘은 엄마랑 더 놀고 싶어요."

"아, 엄마랑 더 놀고 싶어서 천천히 준비를 했구나?"

이런 상황에서는 어떻게 하시겠어요? 시간적 여유가 있다면 아이의 마음이 편안해질 때까지 꼭 안아 주고, 시간적 여유가 없다면 감정은 읽어 주고, 의논하기를 해 보세요.

"그런데 어떡하지? 우리 똘똘이 엄마랑 더 놀고 싶지? 엄마도 놀고 싶은데 회사에 가야 해서……. 오늘은 엄마가 조금 일찍 데리러 갈까? 아니면 다녀와서 엄마랑 놀까?"

이렇게 부모가 감정을 읽어 주는 만큼 아이는 세상에 나가 타인의 마음을 읽어 주는 능력을 활용하게 되는 거죠.

둘째, 관계 관리 능력입니다. 우리는 사람 때문에 받는 스트레스가 가장 많습니다. 그 이유는 솔직하면서도 건설적으로 대화하는 기술이 부족하기 때문이지요.

"엄마가 정리하라고 이야기를 했는데, 똘똘이가 들은 척 하지 않고 놀고만 있으면 엄마는 똘똘이에게 섭섭하고, 엄마가 무시당하는 것 같아서 화가 나요. 엄마가 '정리하자.'라고 이야기하면 '네.'라고 대답을 해 주든지, 아니면 '조금만 더 놀고 정리할게요.'라고 이야기해 주면 좋겠어."

감성 지능도 대화법도 우리에게는 참 익숙하지 않은 기술입니다. 하지만 반드시 익혀야 하는 기술입니다. 제2외국어를 배운다고 생각하고 될 때까지 도전해야 합니다. 우리 아이들은 우리가 보여 주고, 들려주고, 경험한 만큼만 배우기 때문이죠.

감성 지능은 어떻게 키울까?

감성 지능이 높은 아이들과 낮은 아이들은 어떻게 다를까요? 감성 지능이 우리 아이들에게 왜 중요할까요?

감성 지능이 높은 아이들 특징	감성 지능이 낮은 아이들 특징
잘 웃습니다. 너그럽습니다. 호감과 친근감을 줍니다. 안정감이 있습니다. 자신감이 있습니다. 긍정적입니다. 희망적입니다.	짜증이 많습니다. 쉽게 화를 냅니다. 우울합니다. 적개심이 많습니다. 불안합니다. 자신감이 부족합니다. 부정적입니다. 비판적입니다.

▶ 감성 지능에 따른 특징 비교

그렇다면 감성 지능을 어떻게 키워 줄까요? 대표적인 여섯 가지 방법을 소개하겠습니다.

첫째, 좋은 모델이 되어 주세요.

부부가 이야기를 나눌 때, 서로의 감정을 표현하고 들어주는 모습을 보여 주어야 합니다.

"나는 당신이 내 말을 무시하면 섭섭하고 화가 나요."
"내가 당신 말을 무시해서 당신이 화가 나고 섭섭했군요."
"나는 당신이 신은 양말을 빨래통에 넣어 주면 좋겠어요."
"벗은 양말을 아무 데다 두지 말고 빨래통에 넣어 주면 좋겠다는 말인 거죠?"

둘째, 아이의 감정을 그냥 들어 주세요.

둘째가 첫째 아이의 장난감을 마음대로 가져가 노는 바람에 첫째가 기분이 상해 부모에게 달려왔다고 칩시다. 이때 첫째에게 뭐라고 말해 주시겠어요? '별것도 아닌 걸 가지고."라며 아이의 감정을 무시하거나 "엄마가 우리 아들 좋아하는 사탕 줄까? 저 장난감 좋은 것도 아니잖니."라고 두작정 전환시키려고 하거나 "뭘 그런 걸 가지고 울어? 동생한테 양보하는 게 형이지. 그럼 장난감 네가 가지고 놀고 동생 할래?"라고 억압하면 안 됩니다. 아이가 이런 경험을 반복하게 되면 아이는 자신의 감정을 솔직하게 표현하는 것이 잘못된 행동이라고 인식하게 됩니다.

아이가 표현하는 감정을 더하지도 빼지도 말고, 있는 그대로 들어 주세요. "동생이 네가 가지고 있는 장난감을 빼앗아서 화가 났구나."라고요. 이는 다른 상황에서도 똑같이 적용할 수 있습니다.

"소풍 가는 날인데 비가 와서 속상해?"
"엄마랑 놀고 싶은데 엄마가 회사에 가야 해서 슬프지?"
"시험을 망쳐서 기분까지 엉망이야?"

셋째, 감정을 충분히 표현할 수 있도록 하되 행동의 한계는 정해 주세요.
예를 들면 이런 식으로요.

"친구가 가지고 있는 장난감을 너도 갖고 싶은 거구나? 그런데 아직 새 장난감을 살 때는 안 된 것 같은데."

"동생 때문에 화가 났구나. 하지만 화가 났다고 때리거나 물건을 던지는 건 안 돼."

"시험을 망쳐서 기분까지 엉망인 거야? 그렇다고 문을 그렇게 꽝 닫으면 옆에 있는 사람들이 긴장을 하지."

낮고, 부드러운 음성을 사용하되, 때로는 단호한 음성으로 아이의 행동을 제한해야 합니다.

넷째, 동화책을 읽으며 등장인물들에 대해 이야기를 나누어 보세요.

"낮잠을 자느라 달리기 경주에서 지게 된 토끼의 기분은 어땠을까?"

"숲속에 버려진 헨젤과 그레텔의 기분은 어땠을까? 너라면 어떻게 할 것 같아?"

이런 활동을 통해 아이들은 다른 사람의 감정을 관찰하고, 이해하며 공감하는 힘이 생기게 됩니다.

다섯째, 긍정의 안경으로 세상을 보게 해 주세요.

빨간 안경을 쓰고 세상을 보면 세상은 온통 빨간 세상이 되고, 검은 안경을 쓰면 온통 검은 세상이 됩니다. 부모님들이 먼저 긍정적인 표현을 많이 보여 주시고 경험시켜 주세요. 어려서부터 기분 좋은 감정을 많이 느낄 수 있도록, 그리고 저축해 놓을 수 있도록 해 주세요.

"우리 아들(딸)이 있어서 참 좋다!"

"하늘이 정말 예쁘다. 그치?"

"오늘 찌개가 정말 맛있겠는데?"

"어떻게 그렇게 멋진 생각을 했어?"

"깨끗한 물로 시원하게 씻을 수 있어서 참 감사하다."

"오늘도 아무 일 없이 건강하게 잘 지내 줘서 고마워."

"충분히 잘했어."

"괜찮아. 그럴 수도 있어."

여섯째, 충분히 놀게 해 주세요.

몸과 마음이 건강한 아이들이 잘 놉니다. 그런데 잘 놀아야 몸과 마음이 건강해집니다. 놀이는 처음엔 재미로 시작하지만 놀다 보면 갈등 상황이나 문제 상황을 만납니다. 결국 놀이를 통해 아이들은 문제 해결 능력을 키우게 되는 거죠. 내 마음대로 되지 않으면 상대를 공격하거나 놀이에서 스스로 빠지게 됩니다. 그럼 더 이상 놀 수 없게 되지요. 내 생각을 조절하고 관계를 조율할 수 있는 힘을 키우려면 많이 놀아 보아야 합니다.

간혹 "우리 아이는 혼자서도 잘 놀아요."라고 하는 부모님이 있습니다. 하지만 세상은 혼자서 살아갈 수 없습니다. 가정이라는 세상에서 살아남아야 더 큰 세상에서도 행복하게 살아남을 수 있습니다.

감정은
반드시 가정에서 부모가 가르쳐야 하는 필수 과목이고,
가장 큰 유산입니다.

감정 일기

욕구가 채워졌을 때

가벼운, 감격스러운, 감동받든, 감미로운, 감사한, 개운한, 고마운, 고요한, 기대에 부푼, 기력이 넘치는, 기분이 들뜬, 기쁜, 기운이 나는, 긴장이 풀리는, 끌리는, 누그러지는, 느긋한, 담담한, 당당한, 두근거리는, 든든한, 들뜬, 따뜻한, 만족스러운, 매혹된, 뭉클한, 반가운, 벅찬, 뿌듯한, 사랑하는, 산뜻한, 살아 있는, 상쾌한, 생기가 도는, 신나는, 안심이 되는, 여유로운, 용기 나는, 온기가 왕성한, 유쾌한, 자신감 있는, 잠잠해진, 재미있는, 정겨운, 정을 느끼는, 즐거운, 진정되는, 짜릿한, 차분한, 충만한, 친근한, 친밀한, 통쾌한, 편안한, 평온한, 평화로운, 포근한, 푸근한, 행복한, 홀가분한, 환희에 찬, 활기찬, 황홀한, 후련한, 훈훈한, 흐뭇한, 흔쾌한, 흡족한, 흥미로운, 흥분된, 희망에 찬, 힘이 솟는

> **욕구가 채워지지 않았을 때**
>
> 간담이 서늘해지는, 갑갑한, 거북한, 걱정되는, 겁나는, 겸연쩍은, 고단한, 고독한, 곤혹스러운, 공허한, 괴로운, 구슬픈, 귀찮은, 그리운, 근심하는, 긴장한, 김빠진, 까마득한, 꿀꿀한, 끓어오르는, 낙담한, 난처한, 냉담한, 노곤한, 놀란, 답답한, 당혹스러운, 두려운, 뒤숭숭한, 따분한, 떨리는, 막막한, 맥 빠진, 멋쩍은, 멍한, 목이 메는, 무기력한, 무력한, 무료한, 무서운, 민망한, 밥맛 떨어지는, 부끄러운, 분개한, 분한, 불안한, 불편한, 비참한, 서글픈, 서러운, 서먹한, 서운한, 섬뜩한, 섭섭한, 성가신, 속상한, 슬픈, 신경 쓰이는, 심심한, 쑥스러운, 쓰라린, 쓸쓸한, 안절부절못하는, 안타까운, 암담한, 애끓는, 애석한, 야속한, 약 오르는, 어색한, 억울한, 언짢은, 역겨운, 열 받는, 염려되는, 오싹한, 외로운, 우울한, 울적한, 울화가 치미는, 절망스러운, 정떨어지는, 조마조마한, 조바심 나는, 좌절한, 주눅 든, 지겨운, 지친, 진땀 나는, 질린, 찝찝한, 참담한, 창피한, 처연한, 초조한, 침울한, 피곤한, 허전한, 허탈한, 허한, 혼란스러운, 화나는, 힘든

어른이 된다는 건 위로받을 일보다 위로할 일이 많아지는 것이죠. 그렇기 때문에 수시로 나의 감정 쓰레기통을 자주 비워야 합니다. 넘치지 않도록 말이죠.

특별한 감정을 느꼈을 때, 혹은 매일 밤 하루를 정리하며 감정 일기를 써 보세요. 가장 크게 느꼈던 감정을 하나씩 골라서 두 줄, 혹은 세 줄 정도의 문장으로 적어 봅니다. 욕구가 채워지지 않았을 때의 감정 일기 뒤에는 위로의 말도 함께 적어 주세요.

20XX년 X월 X일

감사함

고구마를 불 위에 올려놓고 깜빡했는데, 다행히 처음부터 불을 약하게 해 놓아서 먹기 좋은 군고구마가 되었네요. 기대하지 못했던 군고구마를 먹게 되어 감사합니다.

서운함

피곤한 몸을 일으켜 새벽부터 아침 준비를 했는데, 딸이 늦었다며 그냥 가 버리네요. 배가 고플 것 같아 걱정도 됐지만, 그보다는 자기 늦은 생각만 하며 냉정하게 돌아서는 딸의 태도가 서운하네요. 엄마의 마음을 좀 알아주고, 따뜻한 말 한마디 건네주었으면 좋았을 텐데.

내가 나를 알아주는 것만큼 든든한 힘은 없습니다.
내가 나를 알아주었던 힘으로 아이들을 이해하게 되고,
언젠가는 내 아이들도 우리의 감정을 이해하고
마음을 건넬 날이 올 거라 믿습니다.

Chapter 3
|소통편|

우리는 태어날 때 이미 선함과 강함,
현명함을 갖고 태어났다.
다만 어렸을 때 우리가 길러진 방식 때문에
또는 부모가 우리에게 주었던 왜곡된 메시지 때문에
그러한 능력과 단절되었을 뿐이다.
_비벌리 엔젤(심리치료사)

잔소리를 멈추고 대화를 하라

잔소리는 이제 그만!

 학생들을 대상으로 한 강의에서 "엄마들의 말을 음식의 맛에 비유하면 어떤 맛이 날까?"라는 질문을 한 적이 있습니다.

"더러운 맛이요."

"아무 맛도 없어요."

"쓴맛이요."

"매운맛이요."

"음쓰(음식쓰레기)요."

"무지개 맛이요."

"시시각각 달라져요."

여러 대답이 오가던 중, 한 친구가 조용히 입을 열었습니다.

"죽을 맛이요."

반찬의 가짓수가 아무리 많아도 맛있게 먹을 게 한 가지도 없다면 훌륭한 밥상이라 할 수 없는 것처럼 부모 자식 간의 '말' 역시 '어떻게'가 중요합니다.

여러분은 대화를 하고 있나요? 잔소리를 하고 있나요? 대화는 상대와 묻고 답하는 말이고, 잔소리는 묻기 전에 던지는 말입니다. 대화는 상대의 우선순위를 존중하며 나누는 말이고, 잔소리는 나의 우선순위를 알리기 위해 던지는 말입니다. 대화는 상대가 받을 준비가 되었을 때 건네는 말이지만 잔소리는 내가 하고 싶을 때 던지는 말입니다. 대화는 나눌수록 마음의 거리가 가까워지지만, 잔소리는 할수록 마음의 거리가 멀어지는 말입니다.

대화와 잔소리를 잘 구분하시겠지요? 그럼 문제 하나를 풀어 볼까요?

다음 중 잔소리가 아닌 것을 고르시오.

① "엄마가 방 좀 치우라고 몇 번을 말했니?"

② "골고루 좀 먹어. 그렇게 좋아하는 것만 먹으니까 살이 찌지."

③ "시험 기간인데 게임만 하고 있니? 이번 시험 망치기만 해 봐."

④ "그렇게 피곤하면 학원에 연락하고 하루 쉬도록 해."

정답은 몇 번인가요? 네, 4번입니다. "엄마, 오늘 농구를 많이 해서 너무 피곤해요. 학원 하루 쉬면 안 돼요?"라고 묻는 아들과 대화를 나누고 있네요. 대호는 두 사람이 물이 가득 들어 있는 물풍선으로 주고받기 놀이를 하는 것과 비슷합니다. 목적은 주고받기입니다. 그런데 본인이 패스에 강하다고 강스파이크를 날리면, 풍선은 보기 좋게 터져 버리겠죠. 이렇게 몇 번을 반복하면 누가 이 사람과 물풍선 놀이를 하고 싶을까요?

"방 좀 치워. 이게 집이니, 돼지우리니?"

"똑바로 앉아서 먹어. 그러다가 꼬부랑 할머니 되면 좋아?"

"넌 언제 사람 될래? 생각을 좀 하면서 살라고!"

돼지우리 되라고, 꼬부랑 할머니 되라고, 내 아들 사람 될까 봐 걱정되서 그토록 힘주어 반복하고 있나요?

우리의 목적은 자녀의 행동 변화입니다. 그런데 이런 잔소리는 비난을 목적으로 던지는 말들 같습니다. 던지지 말고 건네야 합니다. 비난을 많이 받으면 우리 마음의 방어벽은 점점 얇아져 마치 물이 가득 들어 있는 풍선처럼 살짝만 부딪혀도 쉽게 터져 버립니다.

말을 잘하는 엄마가 반드시 대화를 잘하는 엄마는 아닙니다. 내가 하고 싶은 말이 아니라, 내 아이가 듣고 싶은 말을 건네는 엄마가 바로 대화를 잘하는 엄마입니다.

잔소리	대화
"자알했다. 내가 그럴 줄 알았어. 그러게, 엄마가 시키는 대로 안 하고 네 맘대로 하더니……."	"너도 잘하고 싶었는데 속상하지?"
"신경 쓰지 말고 네 할 일이나 해. 공부 열심히 하는 게 엄마를 도와주는 거야."	"엄마가 걱정되는구나? 우리 아들이 걱정해 주니까 막 힘이 나는데?"
"네 맘대로 하는데 누가 너랑 놀아 주고 싶겠니? 너는 그 버릇을 고쳐야 돼."	"친구들이 놀아 주지 않아서 속상해?"
"하라는 공부는 안 하고 실컷 놀더니, 시험 망쳤다고 왜 화를 내니? 인과응보야."	"시험을 망쳐서 속상해? 시험만 보고 결과는 안 나오면 좋겠다. 그치?"

내가 하고 싶은 말은 마음의 거리를 멀어지게 하고, 아이가 듣고 싶은 말은 마음의 거리를 가깝게 합니다.

말이면 다냐?

'도대체 어느 별에서 온 거야?'

사람들과 이야기를 나누다 보면 가끔 이런 생각이 들게 만드는 사람이 있습니다.

말이 안 통해서 답답한 경험이 많으시죠?

특히 이러한 일들은 가정에서 제일 많이 일어납니다. 부부간에, 부모 자녀 간에 흔하게 일어나는 일이지요. 가족이 세 명이면 세 개의 언어가, 다섯 명이면 다섯 개의 언어가 존재합니다. 서로 알아들을 수 없는 자신만의 언어로 이야기를 하다 보니 당연히 가슴이 답답하고, 내 말을 알아듣지 못하는 가족들에게 화가 납니다. 어렵게 대화를 시도하지만, 대화는 훈계가 되고, 잔소리가 되고, 청문회가 되고, 심하면 이별이 되기도 합니다.

결국 입을 닫고, 마음을 닫은 채, 한 지붕 아래 각자도생(各自圖生)하는 거죠. 하지만 가정은 위로가 있고, 즐거움이 있고, 재충전의 에너지가 있는 곳이어야 합니다.

"이름이 뭐니?"
"멍청이요."

지난 2016년, 부모에게서 오랜 학대에 시달린 미국의 4세 여자아이가 경찰에게 자신의 이름을 '멍청이(idiot)'라고 말해 많은 이들의 공분을 자아내게 했던 일이 있었지요. 오랫동안 너무나 자주 '멍청이' 소리를 들은 아이는 멍청이가 자신의 이름인 줄 알고 있었던 거죠.

"말이면 다냐?"

네, 말이면 다입니다. 말 속에는 감정이 들어 있기 때문입니다. 우리는 말 때문에 상처받고, 또 말 덕분에 위로받습니다. 그래서 말을 조심해야 합니다. 같은 말을 만 번을 반복하면 그대로 이루어진다고도 하지요.

그러나 조심해야 할 게 있습니다. 우리말은 같은 말이지만 억양에 따라 느낌이 아주 달라집니다.

"엄마, 시험을 망쳤어요."

"자알 했다."

"엄마, 학교 안 가면 안 돼요?"

"네 마음대로 해!"

"엄마, 우산을 잃어버려 속상하지만, 누군가는 제 우산 덕분에 비를 맞지 않을 테니 다행이에요."

"좋~겠다."

내용만 보면 격려하고 존중하는 말인데, 어떤 억양으로 말하느냐에 따라 기분이 오묘해집니다. 말의 의미가 퇴색되지 않도록 억양에도 주의하면 좋겠습니다.

사람은 밥만 먹고 살 수 없습니다. 사람답게 살아가려면 반드시 말도 함께 먹어야 합니다. 이왕이면 차가운 밥보다는 따뜻한 밥이 좋고, 차가운 말보다는 따뜻한 말이 좋겠고, 돌아서면 허전해지는 말보다는 오랜 시간 든든한 힘이 되는 말이 좋고, 양은 냄비처럼 금방 식는 말 말고, 뚝배기처럼 오래오래 온기가 남아 기억되고 힘이 되는 든든한 말이 좋겠죠?

많은 초등학생들이 학원 시간에 맞추느라 편의점에서 빨리 식사를 해결합니다. 그런데 부모님께 가장 많이 듣는 말도 '빨리빨리'입니다.

"사랑하니까 빨리 학교나 가."

"잘했으니까 빨리 숙제나 해."

"알았으니까 빨리 밥이나 먹어."

부모님뿐만이 아니죠?

슈퍼에 가도 "빨리 골라라. 이것저것 만지지 말고."

학원에서도 "빨리 푸세요."

버스에서도 "빨리 타라."

학교에서도 "빨리 정리해라." "빨리 대답해라." "빨리 와라."

관계의 황금알은 말에서 시작합니다. '빨리빨리'처럼 차가운 말 대신 오래오래 온기가 남고 따뜻한 말을 건네주세요.

긍정적 착각이
긍정적 결과를 만든다

눈을 감고 어두운 길을 걷고 있습니다. 장애물도 있고, 여러 위험 요소들이 있는데, 나를 안내하는 한 사람의 소리에만 의지하며 걸어야 한다고 한번 가정해 보세요. 어떤 기분일까요? 두렵고, 불안하고, 답답하겠죠?

그런데 길을 안내하는 사람이 이해하기 어려운 자신만의 언어로 길을 설명합니다.

"여기, 여기. 아니 너무 많이 갔잖아. 저기로 가야지. 그냥 이렇게 계속 가."

그러다가 여러분이 탈이라도 잘못 디디면 "그게, 아니라고! 아휴,

답답해. 왜 이렇게 말을 못 알아들어." 하고 부정적인 반응을 던진다면 어떨까요?

더 두렵고, 더 불안하고, 더 답답하고, 급기야 자신감이 떨어지면서 '아, 내가 지금 못하고 있구나.'라는 확신이 들겠죠.

반면 누군가는 이렇게 설명합니다.

"앞에 커다란 돌이 있으니까 조심해야 해. 어깨 넓이로 걸어. 오른쪽으로 두 번, 그리고 앞으로 두 번 갈게. 잘했어. 아주 잘하고 있어. 굿!"

이해하기 쉬운 말로 설명을 해 줄 뿐만 아니라 긍정적인 반응까지 적절하게 곁들여 주네요. 마음이 편안해지는 건 물론, 자신감까지 생기겠죠.

우리는 아이들의 행동을 수정하고 변화시키고 싶을 때, 지적·비난·훈계를 자주 사용합니다. 이러한 방법들은 빠른 시간에 잠시 행동을 멈추는 효과는 있지만, 시간이 지나면 같은 행동이 반복되고, 부모는 더 강한 지적과 비난과 훈계를 사용해야 하는 악순환이 이어집니다.

아주 쉬운 예로, 우리가 만든 음식을 가족들이 맛있다고 칭찬해 주면 '다음에는 더 잘해야지. 내가 요리를 좀 하나?'라는 긍정적인 착각이 들죠? 그런데 "더 잘하라고 해 주는 말이야." 하면서 매번 비난과 지적을 한다면 요리가 즐거울까요?

● 긍정적 반응

"엄마, 내가 두발자전거를 잘 탈 수 있을까요? 무섭고 걱정이 되는데……."

"두발자전거를 타려니까 무섭고 걱정이 돼? 처음부터 잘 탈 수는 없겠지만 엄마는 왠지 우리 아들이 잘 해낼 수 있을 것 같은데?"

"진짜요?"

"인라인 스케이트도 처음엔 엄청 걱정하며 탔는데, 하루 만에 쌩쌩 달렸잖아. 우리 아들은 바퀴 달린 거 타는 데에 남다른 능력이 있는 것 같아."

"아, 생각나요. 인라인 스케이트도 진짜 처음에는 엄청 걱정했는데, 타 보니까 진짜 쉬웠어요. 자전거도 잘 탈 수 있을 것 같아요."

"우리 아들, 파이팅! 엄마가 도와줄게."

● 부정적 반응

"엄마, 내가 두발 자전거를 잘 탈 수 있을까요? 무섭고 걱정이 되는데……."

"그럼 타지 마. 뭘 타기도 전에 걱정이야?"

"그게 아니라, 지난번 인라인 스케이트 탈 때에도 계속 넘어지고 다쳤는데……."

"엄마 말 안 듣고 네 맘대로 타니까 그렇지."

"……."

"탈 거야? 안 탈 거야?"

"그냥 게임할래요."

말이 씨가 된다는 말이 있지요? '말'을 자신이 원하는 열매의 '씨'로 활용하는 것입니다. 원하는 열매가 있으신가요? 그렇다면 지금부터 열심히 씨를 뿌려야 거둘 수 있습니다.

다시 말해, 아이들의 성장 모습은 부모들의 말의 성적표가 되는 것입니다. 10년 뒤, 20년 뒤 어떤 성적표를 받으시겠습니까?

다만 아이들에게 긍정적 착각을 주기 전에 나에게도 똑같이 긍정적 착각으로 채워야 합니다. 채우지 않으면 아무것도 줄 수 없고, 요란한 빈 수레가 됩니다.

"잘하고 있어. 네가 참 자랑스럽다. 고맙고, 사랑해. 파이팅하자!"

원수를 애인으로

　오래전 지역아동센터에서 일주일에 한 번씩 1년간 봉사를 한 적이 있습니다. 초등학생 아이들 50명과 놀이를 통해 다양한 삶의 기술들을 나누는 시간이었지요.
　학교 수업을 마치고 아이들은 저녁을 먹고 아홉 시쯤 집으로 귀가를 합니다. 아침 아홉 시 학교 수업이 시작되면 아이들은 거의 열두 시간을 제한된 공간 안에서 함께 부대끼며 살아 내야 하는 거죠. 스트레스를 안 받으며 살 수는 없습니다. 적당한 스트레스는 우리가 살아가는 데 꼭 필요하기도 하고요.
　문제는 스트레스를 올바른 방향으로 풀어내지 못하는 데에 있습니다.

세상에 그렇게 많은 욕이 있다는 걸 저는 이 시기 센터의 한 친구, 똘똘이를 통해 알게 되었습니다. 틈만 나면 수업을 방해하던 똘똘이를 위해 한 달을 참고 기다렸습니다. 관심을 갖지 않으니 더 큰 소리로 욕을 하고, 수업을 하는 친구들을 향해 비아냥거리고, 거칠게 방해를 하더군요. 참다 못해 똘똘이에게 "하고 싶지 않으면 안 해도 돼. 그런데 친구들을 방해하지는 않았으면 좋겠어. 부탁해."라고 하자 "물 먹고 올게요!" 하고 쌩 나가 버리더군요.

그러나 물 먹고 오겠다던 똘똘이는 두 시간 수업이 끝나도 돌아오지 않았습니다. 아이들을 보내고 원장님께 전화를 드렸더니 제가 나가라고 했고, 다시는 수업에 들어오지 말라고 했다네요.

"일단 제게 보내 주세요."

문을 열고 들어서는 똘똘이는 마치 기선 제압이라도 하듯 욕을 하며 걸어왔습니다.

"아이씨, 짜증 나."

"앉아 봐."

"그냥 말해요."

"앉아."

그리고 똘똘이의 팔을 꽉 붙잡았습니다.

"지금부터 네가 하고 싶은 이야기를 마음껏 해 봐. 왜 선생님과

하는 수업이 싫은지, 왜 아이들을 방해하는지, 욕을 하고 싶으면 욕을 해도 좋아. 뭐든 좋으니까 이야기해 봐."

똘똘이는 붙들린 팔을 빼려고 발버둥을 치며, 입에 담지 못할 욕설을 퍼부었습니다. 땀을 뻘뻘 흘리고, 눈물을 흘리며 악을 쓰는 똘똘이를 저는 그냥 바라보았습니다.

40분쯤 지났을까요? 똘똘이의 몸과 목소리에 힘이 빠지기 시작했습니다.

"힘들지?"

"……."

"이제 다 한 거야? 더 하고 싶은 말은 없니?"

"……."

"선생님 수업이 하고 싶지 않아?"

"집에 가고 싶어요."

"마치고 가면 되잖아. 어차피 그 시간은 집에 갈 수도 없는 시간인데."

"수업을 안 하고, 저녁도 안 먹고, 집에 가고 싶어요."

"수업도 안 하고, 저녁도 안 먹고, 집에 가고 싶은 이유라도 있니? 집에 가면 혼자 저녁 먹어야 하는 거 아니야?"

"집에 아빠랑 다섯 살 동생이 있어요. 그런데 아빠가 걷지를 못해서 동생을 잘 못 챙겨요. 집에 가서 동생이랑 같이 먹고 싶어요."

"그랬구나. 아빠도 동생도 걱정이 됐구나. 그래도 아빠는 너라도 여기서 잘 먹고 오기를 바라실 텐데."

"그럼 오늘만 집에 가게 해 주세요."

"엄마는 안 계시니?"

"엄마는 집 나가셨어요. 그런데 가끔, 잠깐씩 들어오세요. 아빠한테 맞으면 또 나가고요."

"그랬구나. 그럼 우리 원장님께 오늘 하루만 일찍 가도 되는지 여쭤 보자. 그런터 아빠는 오늘 네가 일찍 오는 걸 모르고 계실 텐데, 혹시 먼저 드셨을지도 모르니까 오늘은 선생님하고 밖에서 저녁 사 먹고 들어갈까?"

"……네."

원장님께 허락을 맡고, 똘똘이와 근처 분식집에 갔습니다.

"뭐 먹을래?"

"……선생님, 저 김밥 싸 가지고 가면 안 돼요? 동생이랑 아빠랑 같이 먹을게요.'

김밥을 포장하고, 슈퍼에 들러 간식거리들을 사서 똘똘이에게 건네주었습니다.

"맛있게 먹어. 동생이 너무 좋아하겠다."

양손 가득 봉지를 들고 달려가던 똘똘이가 뒤를 돌아보더니 봉지 든 두 손을 힘차게 흔들어 주었습니다.

일주일 뒤. 똘똘이는 맨 앞에 허리를 펴고 앉아서 제 수업을 기다리고 있었습니다. 혹시라도 아이들이 떠들면 "시끄러워. 이 새캬! 쌤 목 아프셔. 조용히 해."라고 말했지요.

몇 달 뒤, 수업이 끝나고 똘똘이가 제게 다가왔습니다.

"쌤! 어제 엄마가 오셨어요. 그래서 제가요 밥 먹으면서 엄마한테 '엄마 이렇게 사시던 안 돼요. 자기 인생은 자기가 만드는 거예요. 주도적인 삶을 살아야 해요.'라고 말했어요."

"그랬더니 엄마가 뭐라셔?"

"밥이나 먹으래요."

하지만 똘똘이의 얼굴은 행복해 보였습니다.

연애를 시작하면 주변 사람들이 기가 막히게 알아챕니다. 콧노래가 절로 나고, 인생은 핑크빛이죠. 회사에서 좀 깨져도 돌아갈 곳이 있으니 '그까짓 거…….' 하지 않았나요?

"언제 연애를 했는지 기억도 없네요." 한탄하며 돌아오지도 않을 과거에 붙들려 괴로워 마시고, 다시 연애를 시작하세요. 학교에서 돌아올 아이를 설레는 마음으로 기다리고, 수고한 아이들에게 연애편지도 살짝 건네 보세요. 사랑이라는 이름을 내세워 덕 보려고 하지 마시고, 덕을 끼쳐 주세요.

사랑은 내 것을 퍼 주는 마이너스가 아니라 내 것과 네 것이 만나

원 플러스 원이 되는 마중물과 같습니다. 아이들이 자라는 만큼 부모도 함께 성장해야 합니다. 동반 성장하는 연애가 오래가고, 깊이가 있습니다.

이게 문제야

"수업 시간에 안 들어가고 농구를 해? 정신이 있니, 없니?"

"종소리를 못 들었다고."

"왜 종소리를 못 들어? 넌 그게 문제야. 정신을 어디다 팔고 있는 건데?"

"나만 못 들은 게 아니라 다른 애들도 다 못 들었다고."

"다 똑같은 놈들끼리 모여서 자알~했다! 친구들이 죽는다 하면 너도 죽을래?"

"그리고 수업에 완전 안 들어간 게 아니라 끝나기 15분 전에 들어갔어."

"그게 자랑이야? 수업을 15분 들은 게 자랑이냐고! 너는 도대체 시간 개념이 없어. 나이가 몇 살인데……."

"아, 됐어! 또 시작이야."

"뭘 또 시작이야? 뭘 잘했다고 큰소리야?"

끝이 보이지 않는 수평선을 오늘도 달리고, 달리고, 달리고……. 문제는 '욕구가 채워지지 않은 상태'입니다. 의사가 오진을 하면 완전히 다른 처방을 받게 될 것이고, 심각할 경우 목숨을 잃게 되는 경우도 있지요. 문제를 잘못 진단하면 문제 해결 방법도 엉뚱한 방향으로 흘러가겠죠.

위의 상황에서 부모님이 판단한 자녀의 문제는 세 가지입니다.

첫째, 종소리를 못 들은 정신없는 아들의 모습

둘째, 시간 개념이 없는 아들의 모습

셋째, 잘못을 반성하지 않고 성질을 내고 있는 아들의 모습

여러분의 자녀들은 어떤 문제를 가지고 있나요? 앞서 **문제는 욕구가 채워지지 않은 상태**라고 말했습니다. 그렇다면 욕구가 채워지면 문제는 사라지겠죠.

하지만 대한민국 어른들은 멀쩡한 아이들을 문제 아이로 만드는 데에 선수인 듯합니다.

"인사를 잘 안 해요. 그게 문제예요."

"꼬박꼬박 말대꾸를 해요. 그게 문제예요."

"매일 지각을 해요. 그게 문제예요."

"손가락을 빨아요. 그게 문제예요."

"수업 시간에 자꾸 떠들고 장난을 쳐요. 그게 문제예요."

"꿈이 없어요. 그게 문제예요."

행동을 가지고 문제 삼으면 문제가 없는 사람은 하나도 없습니다. 배고픈 장발장이 빵을 훔쳤다면, 빵을 훔친 행동이 아니라 배가 고픈 욕구를 채우지 못한 게 문제라는 거예요. 만일 누군가 빵집을 기웃거리는 장발장에게 "배가 고픈 모양이네요. 이거라도 좀 드세요."라며 배고픔을 해결해 주었다면 장발장은 빵을 훔치지 않았겠죠.

갓 태어난 동생을 때리고 동생이 싫다고, 밉다고 없어지면 좋겠다고 소리치는 아이가 있습니다. 이 아이의 문제는 무엇일까요?

동생을 때리고 버릇없는 말을 하는 행동이 문제가 아니라, 동생이 생겨서 충분히 사랑받고 인정받고 싶은 욕구가 채워지지 않는 게 문제입니다. 이런 아이에게 "동생을 때리면 어떡해? 동생을 잘 돌봐야 형인 거지. 그럼 너도 아기 할래? 너 자꾸 그러면 알아서 해."라는 훈계나 협박은 아무 소용이 없습니다. 대신 이렇게 물어봐야 하지요.

"왜 동생을 때리고 싶고, 동생이 없어지면 좋겠어?"

"동생 때문에 엄마가 많이 놀아 주지 못하고, 동생처럼 안아 주지 못해서 속상하구나?"

모든 문제는 욕구가 채워지지 않을 때, 그리고 누군가가 나의 욕구와 감정을 무시할 때 생기는 것입니다.

부모는 가르치는 사람이 아니라, 아이들의 욕구를 알아차리고 도움을 주는 사람입니다. 행동을 고치려고 하지 말고, 아이의 감정을 이해하려고 노력해야 하는 거죠. 욕구를 알아차리고 감정을 이해받는 것만으로 문제의 반은 이미 해결된답니다.

백화점에 갔는데 마침 너무 갖고 싶던 가방이 걸려 있어서 자연스럽게 발길이 멈췄습니다. 그런데 남편이 "왜? 당신 저거 갖고 싶구나?"

어떤가요? 물론 이런 남편은 없습니다. 이어지는 남편의 말. "그런데 어쩌나……. 가격이 만만치 않고, 이달 생활비가 빠듯한데……. 크리스마스 때까지 좀 기다려 줄 수 있어?"

물론 이런 남편도 없습니다.

하지만 아이의 감정이 조금 이해가 되나요?

부모의 관심을 동생에게 뺏긴 것 같아 속상한 아이에게 "진짜 화가 났겠구나. 그래서 소리를 지르고 동생을 때린 거야? 그랬구나. 그런데 화가 난다고 소리를 지르고 동생을 때리면 마음이 시원해질

까? 더 좋은 방법은 없을까?"라고 말하는 거죠.

부모와의 대화를 통해 아이들은 자신의 욕구를 표현하고, 욕구를 채워 가는 더 좋은 방법들에 대해 배우게 됩니다. 그런데 부모가 먼저 자신의 욕구를 알아차리고 스스로 도움 주기에 능숙해진다면 아이들의 문제에도 현명하게 대처할 수 있겠죠?

감정은 충분히 이해하되 행동에는 제한을 두는 것. 이게 바로 감정 코칭입니다.

'적자생존' 적는 자만이 살아남는다. 다음의 욕구 목록을 보시고 체크해 보세요.

욕구 목록

※ 방법
1. 채우고 싶은 욕구에 동그라미해 보세요.
2. 그중에서 가장 급한 세 가지 욕구를 남기고 다시 지워 보세요.
3. 이제 남겨진 세 가지 욕구를 어떻게 채울 것인가 방법을 찾아보세요.

자율성
- 자신의 꿈·목표·가치를 선택할 수 있는 자유
- 자신의 꿈·목표·가치를 이루기 위한 방법을 선택할 자유

신체적/생존
공기, 음식, 물, 주거, 휴식, 수면, 안전, 신체적 접촉(스킨십), 성적 표현, 따뜻함, 부드러움, 편안함, 돌봄을 받음, 보호받음, 애착 형성, 자유로운 움직임, 운동

사회적/정서적/상호의존
주는 것, 봉사, 친밀한 관계, 유대, 소통, 연결, 배려, 존중, 상호성, 공감, 이해, 수용, 지지, 협력, 도움, 감사, 인정, 승인, 사랑, 애정, 관심, 호감, 우정, 가까움, 나눔, 소속감, 공동체, 안도, 위안, 신뢰, 확신, 예측 가능성, 정서적 안전, 자기 보호, 일관성, 안정성, 정직, 진실

놀이/재미
즐거움, 재미, 유머, 흥분

삶의 의미
기여, 능력, 도전, 명료함, 발견, 보람, 의미, 인생 예찬(축하, 애도), 기념하기, 깨달음, 자극, 주관을 가짐(자신만의 견해나 사상), 중요성, 참여, 회복, 효능감, 희망

진실성
진실, 성실성, 존재감, 일치, 개성, 자기 존중, 비전, 꿈

아름다움/평화
아름다움, 평탄함, 홀가분함, 여유, 평등, 조화, 질서, 평화, 영적 교감, 영성

자기 구현
성취, 배움, 생산, 성장, 창조성, 치유, 숙달, 전문성, 목표, 가르침, 자각, 자기표현

할 수 있는 것과 할 수 없는 것을 구분하는 연습이 필요합니다. 내 힘으로 할 수 없고, 나의 영역이 아닌 일을 가지고 고민하는 건 의미가 없으니까요. 할 수 있는 영역에 있는 욕구라면, 이제 구체적인 방법을 적어 보는 겁니다.

1. 신체적/생존: 휴식. 수면
잠이 부족하다. 쉬고 싶다.

⇒ 일주일간 하루에 여덟 시간 정도 잠을 잘 수 있도록 가족들의 도움을 청한다.
⇒ 스마트폰의 방해를 받지 않도록 오후 열 시부터 오전 여섯 시까지 비행기모드로 설정한다.

2. 아름다움: 여유
강의를 위한 운전이 아니라 목적 없는 여행을 하고 싶다.

⇒ 일정을 조정한다.
⇒ 가족들의 불편을 최소화할 수 있는 일정을 잡고, 도움을 청한다.

3. 자기 구현: 성장
성과를 내기 위한 스터디 모임을 갖는다.

⇒ 일주일에 한 번 시간을 만들고, 장소를 섭외한다.
⇒ 달성 시기를 구체적으로 공유하고, 각자 역할을 분담한다.

누구의 문제인가

　오랜만에 남편에게 아이들을 맡기고 모임에 다녀왔습니다. 행복을 가득 충전하고 현관문을 열었는데 두 아이들은 컴퓨터 게임 삼매경에 빠져 쳐다보지도 않고, 남편은 소파에서 잠을 자고 있네요. 거실 가득 장난감이며 과자 부스러기 때문에 발 디딜 틈이 없고, 식탁 위에는 점심부터 먹다 남은 음식들이 말라 비틀어져 있고, 음식물도 여기저기 흘려 있네요.

　앞에서 문제는 욕구가 채워지지 않은 상태라고 말했습니다. 그렇다면 누구의 욕구가 채워지지 않은 것인지를 가려 내야 합니다. 아이를 데리고 병원에 갔는데, 누가 아프냐고 묻지도 않고, 그날그날 의사의 기분에 따라 아무나 치료하면 안 되잖아요.

엄마는 이 상황이 아이들과 남편의 문제라고 생각했습니다. 그래서 문제 있는 적군들을 향해 무차별 공격을 퍼부었죠.

"야! 너희들! 집이 이게 뭐야? 엄마가 장난감은 하나씩만 꺼내라고 말했지? 빨리 치워. 그리고 내일부터 장난감은 갖고 놀 생각도 하지 마. 당신도 너무한 거 아니야? 먹었으면 좀 치워야지. 먹는 사람 따로 있고 치우는 사람 따로 있어? 그리고 과자, 라면 이런 거 먹이지 말라고 했잖아. 게임도 아이들한테 얼마나 안 좋은 줄 알아?"

하늘에서 날개 달고 내려온 남편이라면 "여보, 미안해. 애들아, 어서 치우자. 엄마 화나셨다. 당신은 들어가서 한숨 자. 내가 다 치우고 깨울게." 이러겠지만, 대부분 땅에서 태어난 날개 없는 평범한 남편들인지라 "잘 놀고 들어와서 왜 짜증이야? 당신이 이러니까 애들이 당신 앞에서 기를 못 펴지. 그리고 과자 좀 먹는다고 죽냐? 우 난스럽게 굴지 좀 마. 게임 중독도 아니고 가끔 한 번씩 하는 건데, 게임을 해야 아이들도 스트레스를 풀지."

결국 엄마의 화는 풀리지 않고 나쁜 감정만 더 쌓입니다.

아이들과 남편에게 문제가 있었던 걸까요? 아이들과 남편은 엄마 없는 자유의 욕구를 간직했고, 그동안 금기시되었던 게임을 하고, 과자와 라면을 실컷 먹으며 놀이와 생존의 욕구까지 채웠습니다.

반면 엄마는 인정받지 못하고 무시당하는 것 같은 우울감을 거쳐, 눈앞에 펼쳐진 어이없는 상황으로 인한 분노감에까지 도달하고 나면, '내가 이러려고 결혼했나……' 하는 자괴감에 빠져듭니다. 충전된 행복한 감정으로 남편과 아이들에게 고마움도 표현하고, 모임에서 있었던 일들을 나누며 하루를 마무리하고 싶었으나, 참으로 먼 길을 돌고 돌아 결국 혼자가 되고 맙니다.

이제 보이나요? 욕구가 채워지지 않은 건 엄마라는 것을요. 이런 상황에서는 이렇게 말하는 것이 좋습니다.

"아들들, 잘 놀고 있었어? 엄마 왔는데 인사도 안 하고 게임만 하고 있는 거야? 엄마 좀 슬프네. 에고, 장난감이 나와 있는 걸 보니 엄마랑 약속한 걸 깜박 잊었나 보다. 재밌게 놀았을 테니 엄마가 씻을 동안 깨끗이 정리해 줄래?"

"여보, 아이들 돌보느라 고생했어요. 아이들이 오늘 신났겠네요. 두 아들 등살에 상 치울 시간도 없었나 봐요. 식탁은 내가 정리할 테니, 거실에 과자 부스러기 좀 청소기로 밀어 줄 수 있어요?"

상황을 이야기했고, 나의 감정과 욕구만을 표현하고 있습니다. 비난·공격·훈계는 어디에서도 찾아볼 수 없습니다. 이렇게 말한다면, 각자의 위치에서 할 일을 마치고 모여 앉아 좀 더 이야기를 나눌 수 있겠죠? 감정이 편안한 상태에선 상대의 욕구와 감정을 도와주기가 쉬우니까요.

신발을 신던 아이가 울먹입니다.

"유치원에 안 가고 싶어요."

누구에게 문제가 있나요? 유치원이라고 하시면 곤란합니다. 아이의 욕구에 빨간 신호등이 켜진 거죠. 상대에게 문제가 있을 때에는 도움을 주어야겠지요? 아이에게 도움을 주는 방법은 '들어 주기'입니다.

"유치원에 가고 싶지 않아?"

"네."

"왜 오늘 아침에 유치원에 가고 싶지 않을까?"

"엄마랑 놀고 싶어요."

"엄마랑 놀고 싶어서 유치원에 가고 싶지 않다는 거야?"

"네."

"그렇구나. 음…… 그런데 엄마가 오늘 형아 학교에 가야 해서 같이 집에서 놀 수가 없는데 어떡하지?"

"같이 가면 되잖아요."

"형아 학교에도 같이 가고 싶어?"

"네."

함께 가도 괜찮은 상황이라면 한 번쯤은 아이와 함께 평일 데이트를 즐겨 보는 것도 좋겠지요. 그런데 그럴 상황이 아니라면 "학교 모임을 오래해야 해서 혼자 기다리려면 많이 심심하고 힘들 것 같아. 어떡할까?"라고 상황을 설명하고 의견을 물어봐 주세요.

"그럼 집에 올 때 유치원 버스 안 타고 엄마랑 오면 안 돼요?"

"아, 오늘은 유치원 버스 안 타고 엄마랑 오면 좋겠어?"

"네."

"오케이! 엄마가 학교 끝나고 데리러 갈게. 오면서 우리 맛있는 떡볶이 사 먹을까?"

"와! 신난다! 엄마, 다녀올게요."

"고마워. 엄마도 잘 다녀올게. 이따 만나자."

엄마는 지금 아이의 마음에 마법의 주문이라도 외운 걸까요? 아이의 마음이 어떻게 이렇게 금방 돌아설 수 있었을까요? 이게 바로 '들어 주기'의 힘입니다. 들어 주는 엄마의 모습을 통해 아이는 내가 가고 싶지 않은 마음을 이해받고 있다고 느꼈고, 그 마음은 고마움으로 이어집니다. 그러니 고마운 엄마를 위해, 그리고 자기를 위해 좋은 생각을 찾아내는 거죠. 터져 오르는 감정 때문에 사라졌던 생각이, 다시 제자리를 찾아오는 겁니다. 부모는 아이의 생각이 제자리를 찾아올 때까지 들어 주면서 기다리는 거예요. 아이가 네 살이라면 4개월, 열네 살이라면 14개월은 꾸준히 하셔야 서서히 효과가 나타날 겁니다.

우리는 문제를 빨리 해결하고 싶은 욕심에 답을 먼저 제시합니다. 그래서 우리 아이들은 생각을 할 시간도 없고, 기회도 없습니다. 자식은 부모의 아바타가 아닙니다. 스스로 생각할 수 있고, 더 좋은 것을 선택하고 결정할 능력도 충분합니다.

아이가 "엄마, 추워요."라고 한다면 "보일러 올릴까? 따뜻한 물 줄까? 내복 입을래?"가 아니라, "추워? 어떻게 도와줄까?"라고 해야 합니다. 그래야 아이도 "엄마, 따뜻한 코코아 먹고 싶어요." 등 자신의 생각을 전할 수 있습니다.

들어 주기를 할 때에 내 생각과 감정은 '제로 상태'여야 합니다. 거울에 나를 비추면 나의 겉모습만 관찰될 뿐, 생각이나 감정은 보이지 않는 것처럼이요. 그래서 들어 주기를 '거울 화법'이라고도 이야기합니다. 아이의 이야기를 빼지도, 더하지도 말고 그대로 비춰 주는 기술이지요.

자녀의 말	긍정적인 부모 대답	부정적인 부모 대답
"엄마, 힘들어요."	"힘들어?"	"너만 힘드냐? 나도 힘들어. 지금 대한민국에서 안 힘든 사람 있으면 나와 보라 그래."
"엄마, 졸려요."	"졸려?"	"그러게 어제 일찍 자라고 말 했지?"
"엄마, 다리 아파요."	"다리 아파?"	"조금만 가면 돼. 징징거리지 말고, 씩씩하게 걸어. 그래야 형아 되는 거야."

▶ 들어 주기(거울 화법)의 예

결국 무한경쟁에서 살아남는 힘은 지식의 양이나 스펙의 개수나
가지고 태어난 수저의 색깔이 아니라 '소통 능력'입니다.
이전 모습은 지나갔으니 보라! 새 엄마가 되었도다.

알아차림

"오빠, 밖에 눈 와!"

"정말? 일하느라 보지도 못했네. 눈 오는데 우리 만날까?"

"오빠 바쁘다며. 괜찮겠어?"

"아무리 바빠도 이렇게 예쁘게 눈이 오는데 만나야지."

통화를 마치고 저녁 6시, 광화문에서 남자 친구를 만났어요.

"뭐 먹고 싶어? 눈도 오는데 우리 맛있는 거 먹자."

"음…… 그럼 오랜만에 분위기 있게 파스타 먹을까?"

"파스타 좋지. 오빠가 진짜 맛있는 집 알아. 가자."

파스타 집을 향해 두 손 꼭 붙잡고 신나게 걷고 있는데, 포장마차에서 떡볶이 냄새가 코를 자극합니다.

"아, 맛있겠다."

개미도 듣기 어려운 나의 목소리를 오빠는 듣습니다.

"떡볶이 먹고 싶어?"

"어? 아니. 그냥 맛있겠다고……."

"먹고 가자. 마침 오빠도 먹고 싶었어. 1인분만 먹고 파스타 먹으면 되지."

시간은 흘러 이 커플의 결혼 20년 후.

"여보, 밖에 눈 온다."

"할 일이 그렇게 없어? 나는 지금 바빠 죽겠는데. 에휴, 퇴근길 또 엄청 막히겠네. 근데 눈 온다고 전화한 거야?"

"응."

"끊어! 나 지금 바빠."

구겨진 자존심 다려 가며 남편과 외식 약속을 잡습니다. 그리고 20년 전 그날처럼 6시에 광화문에서 만나, 그때 그 파스타 집을 향해 앞뒤로 서서 걸어갑니다. 그런데 또 어디선가 몰려오는 떡볶이 냄새.

"아, 맛있겠다!"

그 옛날 개미도 20년쯤 자라니 소리가 많이 커졌습니다. 그러나 남편의 귀에는 들리지 않는 모양입니다.

"여보, 우리 떡볶이 1인분만 먹고 갈까?"

"당신은 그게 문제야. 음식을 보면 다 먹고 싶어? 그리고 맨날 다이어트 한다고 돈 쓰고, 파스타나 먹어."

이쯤 되면 파스타도 먹기 싫어지고, 옆에 있는 이 남자는 더 싫어집니다.

'알아차림'은 상대의 마음을 읽고, 적극적으로 도와주는 기술이죠.

"엄마, 학교 다녀왔습니다. 그런데 이거 밖에 붙어 있던데요. 치킨 새로 나왔나 봐요."라며 치킨집 전단지를 들고 온 아들에게 뭐라고 말해야 할까요? "버려. 엄마가 그런 거 뜯어 오지 말랬지? 다 쓰레기야. 경비실에 다시 말해야겠네."라고 말한다면 아들이 들어 온 전단지를 버리는 순간, 아들의 마음도 함께 버려지지 않을까요?

"엄마, 학교 다녀왔습니다. 그런데 이거 밖에 붙어 있던데요. 치킨 새로 나왔나 봐요."

"어디 치킨인데?"

"○○○요."

"우리 아들 새로 나온 치킨 맛이 궁금하시군요?"

적극적인 도움(치킨 주문)까지 가지 않고 먹고 싶은 아들의 마음을 읽어 주는 것만으로도 우리의 기분은 괜찮습니다.

"그런데 어쩌지. 치킨 먹은 지 일주일도 안 됐는데……."

"지금 먹자는 건 아니에요."

"그래? 그럼 냉장고에 잘 붙여 놔. 다음번에 그 치킨 시켜 먹자. 맛있어 보이네."

세상에서 가장 좋은 사람은 '엄마'입니다.
그런데 그보다 더 좋은 사람은
'알아차리고 도움 주는 엄마'입니다.

이름값 하며 살기

봄꽃이 한창입니다. 꽃들에게는 꽃말이라는 게 있지요.

아네모네: 나는 당신을 사랑합니다.

장미: 수줍음.

진달래: 절제.

꽃보다 아름다운 여러분들의 이름에는, 그리고 우리 아이들의 이름에는 어떤 말이 숨어 있나요?

"선생님, 엄마들은 왜 이름을 지어 놓고 '야!'라고 부를까요? 그럼 이름을 '야!'라고 짓지."

같은 말을 만 번을 하면 그대로 된다고 했지요. 살면서 우리는 아이들의 이름을 몇 번이나 부를까요? 셀 수 없이 불러 대는 내 아이의 이름, 그 이름을 부를 때마다 이름에 담겨진 말의 의미를 기억하며 불러 준다면 어떨까요?

저는 제 딸이 많이 어진 사람이 되기를 바라며 '다인'으로, 아들 이름은 널리 쓰임 받는 사람이 되기를 바라며 '용범'이라고 지었지요.

성함이 어떻게 되세요? 자녀 이름은 뭐라고 지으셨나요? 생각보다 많은 아이들이 자신의 이름에 담긴 말을 잘 모른 채 살아갑니다. 어른들도 그렇고요. 그러나 살다 보면 우리는 때로 방향을 잃어버릴 때가 종종 옵니다. 그럴 때 내 이름을 가만히 불러 보세요. 우리 이름에 답이 있습니다.

은 恩 은혜, 고마움, 인정, 사랑
희 喜 기쁘다, 즐겁다, 좋아하다

여러분 이름에 별 의미가 없는 것 같다고요? 그럼 더 잘됐지요. 내가 살아가고 싶은 모습의 의미를 부여해 주면 되니까요.

내가 그의 이름을 불러 주기 전에는
그는 다만 하나의 몸짓에 지나지 않았다

내가 그의 이름을 불러 주었을 때

그는 나에게로 와서 꽃이 되었다.

-김춘수 〈꽃〉

우리는 부모님이 지어 주신 이름 말고 살아가면서 불리는 역할에 대한 이름이 있습니다. 엄마, 아빠, 선생님, 며느리, 딸, 아들, 사위, 사장님, 부장님, 등등. 그리고 이 모든 것을 통합하는 이름, '어른'이 있지요. 어른은 얼이 큰 사람, 즉 지혜를 갖추어 존경받을 만한 사람이라는 의미를 품고 있습니다.

어른의 역할은 대단한 게 아니라 삶을 시작하는 아이들에게, 삶을 궁금해하는 아이들에게, 삶을 힘겨워하는 아이들에게 조용히, 천천히, 그리고 함께…… 살아 주는 것입니다.

가족과 함께할 시간

　코미디계의 대부 고 이주일 씨가 폐암으로 투병 중일 때의 일입니다. 그는 3개월 전에 종합 검진에서 아무 이상이 없었는데, 몸이 약간 이상해서 병원에 가 보니 의사가 삶을 정리하라는 말을 하더랍니다. 투병 중인 그에게 기자가 물었습니다.

　"지금 이 시점에서 이주일 씨에게 가장 중요한 것은 무엇이라고 생각하십니까?"

　그러자 고 이주일 씨는 이렇게 대답했지요.

　"가족과 같이 시간을 보내는 것이지요. 제가 연예계에서 잘나갈 때는 온 가족이 외롭고 고생스러웠어요. 그러다가 가족에게 관심을 가지기 시작했을 때 아들이 교통사고로 죽었습니다. 지금은 이렇게 병들어 가족을 힘들게 하고 있지요. 입맛이 없고 잠을 못 자니까 가족에게 짜증을 내요. 어저께 마누라가 '정을 떼려고 그러는 모양이군.' 하더군요. 가족이란 참 소중해요."

우리는 가족을 위해 열심히 살아갑니다. 그런데 사랑하는 가족과 함께할 시간이 참으로 부족합니다. 바쁘게 살아가는 이유는 가족인데, 바빠서 함께할 시간을 가장 먼저 양보해야 하는 게 또한 가족입니다.

5년 정도 서울대 보라매 병원에서 암 환자들을 대상으로 강의 봉사를 진행했습니다. 영원할 것만 같았던 삶이 한순간 멈춰 버린 듯한 상황을 만난 사람들. 억울하고, 외롭고, 슬프고, 화가 납니다.

'내가 얼마나 열심히 살았는데……'

'왜 하필 내게 이런 일이……'

시간을 정해 놓고 하루하루를 살아가는 이들에겐 어떤 후회가 남을까요?

'가족들과 좀 더 행복한 시간을 보낼걸.'

'가족들에게 좀 더 따뜻한 표현을 많이 해 줄걸.'

'하고 싶은 일을 미루지 말고 좀 더 해 볼걸.'

한 지붕 아래 살고 있지만 가족들의 마음을 속속들이 알고 있는 사람들이 과연 얼마나 될까요? 분주함을 좀 내려놓아야 합니다. 아이들은 말합니다.

"우리 엄마는(아빠는) 맨날 바빠요."

"맨날 잠만 자요."

"맨날 술 먹고 늦게 와요."

"얼굴 볼 시간이 없어요."

"계속 화내니까요."

함께 보내는 시간의 양이 중요한 게 아니라 함께 있는 시간을 어떻게 보내느냐가 중요합니다. 하루 종일 아이들만 바라보고 있으라는 이야기가 아닙니다. 다니는 직장을 당장 그만두라는 이야기도 아닙니다. 함께하고 싶은 욕구가 충분히 채워지면 아이들도 부모님의 시간을 배려하고 기다려 줄 줄 아는 아이가 되며, 자신의 시간을 활용하는 능력도 배우게 되지요.

급하고 우선적으로 해야 할 일은 아이들의 마음을 돌보는 일입니다. 아이들의 마음이 채워지지 않으니 부모에게 떼를 쓰고, 떼를 쓰는 아이를 야단치느라 쓸데없는 에너지를 쏟아 내죠. 그리고 후회하죠.

잠든 아이를 보며 눈물을 흘리기도 하고, 마음속으로 미안하다는 말만 수없이 되뇝니다. 하지만 다음 날 똑같은 상황이 반복됩니다. 일하는 부모는 집에 돌아와서 20분 정도 아이와 눈을 마주 보고, 마음 나누기를 먼저 해야 합니다.

목욕할 때 급하다고 옷을 입은 채 씻지 않는 것처럼 모든 일에는 순서가 있습니다. 머릿속에 있는 할 일 목록은 온전히 지우시고, 온전히 아이의 마음에 집중하세요. 그러고 나서 아이에게 부모가 해야 할 일을 알려 주고, 아이는 그 시간에 무엇을 할 수 있는지 의논하는 거지요.

이때 지나치게 정리 정돈에 집착하지 말아야 합니다. 아이들보다 중요하고 소중한 게 또 있나요? 중요하고 소중한 아이들을 지켜 내기 위해 해야 하는 일들이 있을 뿐이죠.

"내일하면 되지."

오늘, 지금 이 순간 하지 못하면 우리는 내일도 할 수 없습니다. '내일부터'라는 말은, '절대 안 할 거야.'라는 말과 다를 바가 없습니다. 집 사고, 차 바꾸고, 저축하고, 자기 계발하고, 영어 공부하고, 다이어트 하고……. 이런 건 잠시 미루셔도 좋습니다. 그런데 가족에게 사랑을 표현하고, 함께 시간을 보내는 일은 미루지 마세요. 대순간이 내가 할 수 있는 마지막 순간이라고 생각해 보세요. 우리는 좀 더 정성스럽게 가족을 대할 수 있을 거예요. 그리고 지구별을 떠나는 날, 조금 덜 후회할 수 있겠죠.

이런 사람이 되게 하소서

하나. 나를 낮게, 남을 낫게 여기는 겸손하고 온유한 사람 되게 하소서.

하나. 한 손으로는 나를, 다른 한 손으로는 이웃을 위로하고 격려하는 사람 되게 하소서.

하나. 가고 싶은 곳이 아니라 가야 할 곳에, 하고 싶은 일이 아니라 해야 할 일에 힘쓰는 사람 되게 하소서.

하나. 시련이나 고난이 없는 삶이 아니라 기꺼이 감당하는 강하고 지혜로운 사람 되게 하소서.

하나. 사는 대로 생각하지 말고 생각하며 사는 사람 되게 하소서.

하나. 도움을 받을 줄도 알고, 도움을 청할 줄도 아는 사람 되게 하소서.

하나. 나를 빛나게 하지 말고, 나로 인하여 다른 이들을 빛나게 하는 사람 되게 하소서.

하나. 그럼에도 불구하고 감사하는 사람 되게 하소서.

하나. 빠른 길이 아니라 바른 길을 가는 사람 되게 하소서.

하나. 이기는 삶에 미치지 말고 더불어 함께하는 삶에 미치는 사람 되게 하소서.

하나. 같은 삶을 다르게 살아가는 사람 되게 하소서.

하나. 이름을 기억하고 이름값을 하며 살아가는 사람 되게 하소서.

하나. 얼굴에는 밝은 빛이, 말에는 고운 빛이, 마음에는 선한 빛이 나는 사람 되게 하소서.

하나. 사랑받고, 사랑 나누는 사람 되게 하소서.

하나. 가슴 뛰는 인생을, 가치 있는 인생을 살아가는 사람 되게 하소서.

Chapter 4
|변화편|

웃어 주고
들어 주고
안아 주고
믿고 기다려 주기.
기적을 선물하세요.

기적을 선물하는 네 가지 기술

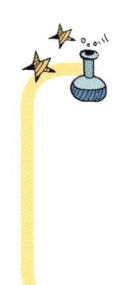

기적을 선물하는 네 가지 기술

"너 도대체 뭐가 불만이야? 학교생활을 어떻게 하기에 맨날 전화가 와? 엄마가 뭐가 되니? 너네 학교 강의도 가는데."

"……."

"말을 좀 해 봐."

"말을 하면 뭐가 달라지는데?"

"내가 어떻게 해야 하니?"

"내가 뭘 어떻게 해 달라고 했어? 그냥 내버려 두라고."

"말하기 싫으면 여기에 써 봐. 뭐가 불만인지, 왜 그러는지."

"내가 쓰라면 못 쓸 것 같아?"

중학교 1학년이 된 딸은 달라도 너무 달라졌습니다. 책임감이 강하고, 스스로 잘하는 아이여서 일하는 엄마인 저로서는 1년에 한 번 학부모 상담에 참석하는 것 외에는 특별히 할 일이 없었습니다. 그런데 교복이 문제였을까요? 교복을 입은 그날부터 딸은 반항적이고, 거칠고, 무례하고, 생활이 완전 무질서해졌습니다. 집에서 새는 바가지가 밖에서 안 샐 리가 없지요. 학기 초부터 계속 걸려오는 전화는 아이가 걱정되기보다 나의 이름이, 명예가 걱정되었습니다.

"부모 교육하신다면서요? 어머님 딸이나 먼저 교육시키시지요."

이렇게 말하는 것 같았습니다.

A4 용지를 가지고 들어간 딸은 한참이 지나도 나오지 않았습니다. 화가 나서 한 말이어서 저도 크게 신경을 쓰지 않았고요.

몇 시간이 지났을까요? 딸은 불만을 빽빽하게 앞뒤로 적은 종이를 가지고 나와서는 당당하게 내 앞에 던지듯 하고 제 방으로 들어갔습니다.

한 줄 한 줄 읽는데 화가 났습니다.

'지금 이게 억울하다는 거야? 기가 막혀. 이게 힘들다고? 그럼 나는 죽어야겠네. 이럴 줄 알았지. 난 또 뭐라고.'

딸을 불렀습니다.

"지금 이게 불만이야?"

"말하라며?"

"좋아. 지금은 엄마가 이해가 안 돼. 좀 더 시간을 가지고 읽어 볼게. 너도 네가 쓴 걸 좀 생각해 봐."

억울했습니다. 모두 딸아이 잘되라고 한 말과 행동이었거든요. 정말 화가 났습니다. 내가 누구 때문에 이러고 사는데? 하루 세끼는 고사하고, 1년에 3분의 1은 김밥과 샌드위치, 혹은 배를 채울 만한 그 무엇으로 하루를 버티고, 이동 시간이 빠듯하다 보니 화장실도 제때 가지 못하고, 늦은 밤 지방에서 강연을 마치고 올라오며 졸음과의 사투를 벌이다 죽음의 길목을 수없이 넘나들고, 도저히 안 되겠어서 휴게소에서 잠이 들었는데 눈을 떴더니 새벽 5시라 화들짝 차를 몰고 집으로 들어와 아침을 챙겨 주고 씻고 옷을 갈아입고 다시 하루를 시작하는 나에게 어떻게 이럴 수가 있나 하는 생각이 들었지요.

읽고, 또 읽었습니다. 2주일 정도는 억울하고 분해서 눈물만 쏟아졌습니다.

'더러워서 못 해 먹겠다, 엄마 노릇. 그러게 왜 결혼은 해 가지고. 어디 네 맘대로 살아 봐.'

신세타령과 분노, 그리고 체념이 반복되던 어느 날, 강의가 없어서 집에서 쉬고 있는데 학교에서 전화가 걸려 왔습니다.

"다인이는 오늘 수업에 도저히 들여보낼 수가 없어서 교무실에서 책 읽으며 반성 좀 하라고 했습니다."

교감 선생님이셨습니다.

"아, 네…… 알겠습니다. 또 연락 주세요."

12시 다시 전화벨이 울렸습니다.

"다인이는 오늘 점심이 중요한 게 아닌 것 같아서 저도 같이 굶으려고 합니다."

"아이고, 다인이 때문에 선생님까지…… 죄송합니다."

전화를 끊었는데, 문득 아이의 모습이 보였습니다. 자존심 강한 우리 딸이 교무실 어느 구석에 앉아 눈에 들어오지도 않는 책을 보며 무슨 생각을 하고 있을까?

우리도 다 경험했지만, 평소에는 아는 척도 안 하시던 선생님들이 꼭 이런 타이밍에 말을 걸지요.

"너 정다인 아니야? 여기 왜 왔어?"

자존심 상하고 속상해할 딸아이 생각에 눈물이 났습니다. 그 순간, 저는 딸을 위해 아무것도 할 수가 없었습니다. 그리고 빼곡하게 써 놓은 딸의 글들이 떠올랐습니다. 옷을 챙겨 입고 아이가 끝날 시간에 맞추어 학교에 갔습니다.

저를 보고 반기며 달려와 안기는 상상도 하지 않았지만, 아이는 생각보다 더 차가운 모습으로 저를 외면했습니다. 배도 고프지 않다, 할 말이 없다, 왜 왔냐 등등…….

아이의 화살 같은 말을 안고 집으로 돌아오는데, 제 딸의 어린 시절 모습이 마치 3배속 영화처럼 필름이 돌아가기 시작했습니다.

둘째를 임신하고 이사를 했습니다. 시어머니께서 슈퍼에 세제를 사러 가셨는데 슈퍼 주인이 "또 이사 오셨나 보다." 하고 말했지요.

시어머니가 "네, 지금 막 끝났어요. 저희 아들이 저기로 이사를 왔어요. 잘 부탁드립니다."라고 말했지요.

"그 집 경매 들어간 집이에요."

그 말에 모든 원망은 저에게 돌아왔던 것 같아요. 그리고 그 원망은 다시 어린 제 딸의 몫이 된 거죠. 엄마의 마음도 모르고 매일 놀이터에 가자고 보채고, 책 읽어 달라고 하고, 노래 부르자고 하고, 놀아 달라고 떼를 쓰는 아이에게 손찌검을 하고 갈았습니다.

"엄마도 힘든데 왜 자꾸 떼를 써?"

그 작은 엉덩이가 빨개질 때까지 때리며 아이도 울고, 저도 울었습니다. 그날부터 아이는 밤마다 이불에 오줌을 싸고, 깊은 잠을 자지 못하고, 자다 깨다 울다를 반복했습니다.

그러다 동생이 태어났고, 온 가족의 관심은 동생에게 쏠렸지요.

"저리 가. 동생 자야 해. 혼자 가서 놀아."

"동생 걸 만지면 어떡해?"

"그러려면 네가 누나 하지 말고 동생 해."

"너 그렇게 말 안 들을 거면 밖에 나가서 고양이랑 살아."

제 딸은 이번에는 온몸을 긁기 시작했습니다. 피가 날 때까지 긁고, 또 긁고.

"누굴 닮아서 애가 저렇게 예민하니? 성질이 못되서 그런 거야."

시어머님의 말씀은 마치 저 들으라고 하는 소리 같았고, 그럴수록 딸이 원망스러웠습니다.

딸아이의 초등학교 입학식 날, 제가 운영하던 유치원도 입학식이어서 참석할 수가 없었습니다. 가까이 사는 친정어머니가 대신 가 보면 되니 그리 문제 될 건 없다고 생각했지요. 운동장에 서서 입학식을 치르는데 딸이 계속 뒤를 돌아보고 서 있더랍니다. 선생님께서 돌려 세우면 다시 또 뒤돌아서는 딸이 걱정되서 급기야 친정어머니가 다가가 "다인아, 다른 친구들처럼 앞에 보고 서야지." 했더니 "엄마가 오면 내가 안 보이잖아요. 그러니까 뒤로 돌아서야 해요." 하더랍니다.

이후 적응 기간에도 아이는 수업 시간 복도 창문을 수도 없이 바라보았답니다. 혹시 엄마가 자기를 데리러올지도 모른다는 믿음을 버리지 않았고, 엄마는 그림자도 비추지 않은 채, 그 믿음을 무시한 채 제 딸의 '우리들은 1학년'은 막을 내렸습니다.

아이가 초등학교 6학년 땐 좀 별난 담임 선생님이었는데 집에 돌아와서 선생님 흉을 보면 "선생님한테 그런 말 하는 거 아니야. 선생님도 사람인데 당연히 화가 나시지. 너희들이 조심해야지."라고 말했습니다. 그때 딸이 제게 "엄마는 도대체 누구 편이야?"라고 물었죠. "누구 편이 어딨어……." 그리고 이어지는 가르침……. 저는 엄마가 아니라 선생님이었습니다.

첫아이인 다인이는 책임감이 강합니다. 떼를 쓰는 아이도 아닙니다. 늘 한 발 먼저 저를 이해해 주고, 동생이 태어난 세 살부터는 어른이 되어 버린 아이입니다. 그 어린아이에게 바쁜 엄마를 이해해 달라고 말없이 떼를 쓰고 있었네요.

사랑하면 이해가 되고, 사랑하는 만큼 보인다고 하죠.
"엄마가 너를 얼다나 사랑하는데?"
맞습니다. 우리가 아이를 얼마나 사랑하는데요. 그런데 왜 이해가 안 되고, 보이지 않는 걸까요? 남녀 간의 사랑을 지켜보면 아름답게 함께 성장하는 커플이 있는 반면, 싱그럽고 풋풋했던 첫 마음을 잃어버린 채 돌아서는 커플도 있습니다.

부모 자식 간의 사랑도 다르지 않은 것 같습니다. 아름답게 함께 성장하기도 하지만, 첫 마음은 온데간데없고, 원수가 되거나 남보다 더 못한 어색한 관계가 되기도 합니다.

'결혼은 미친 짓이야.'
'다시 태어나면 절대 결혼은 하지 말아야지.'
이런 의미 없는 말들을 무한 반복하면서요.

무지한 엄마 때문에 잃어버린 제 딸의 시간들을 돌려주고 싶었습니다. 아니 반드시 돌려주어야 한다고 결심했습니다.

'정다인의 자리를 찾아 주자.'

제가 사용한 전략은 네 가지이었습니다.

첫째, 웃어 주었습니다.

그냥 딸을 보면 무조건 웃었습니다.

"왜 웃어? 장난해?"

"아니 그냥. 좋아서……."

"뭐래?"

밥을 먹는 아이를 보며 웃고, 학교 가는 아이를 보며 환하게 웃어 주고, 잘되라고 가르치는 말을 멈추고 웃어 주었습니다.

백화점에 가거나 전문 헤어숍에 가면 환한 표정과 친절한 말투의 응대로 왠지 기분이 좋아지지요? 딸아이에게도 자신의 존재가 귀하게 대접받고 있는 듯한 기분을 만들어 주고 싶었습니다. 살아 보니 넘어질 일이 참 많습니다. 그런데 그때마다 환하게 웃어 주는 엄마를 떠올리며 다시 툭툭 털고 일어나면 좋겠다고 생각했습니다.

둘째, 들어 주었습니다.

학교의 일을 이야기할 때 그냥 적절한 반응을 보이며 들어 주었습니다.

"헐."

"대박!"

"진짜?"

"와!"

그랬더니 아이에게 제발 말 좀 하라고 다그치지 않아도 술술 이야기보따리를 풀기 시작하더군요. 아이도 자신의 감정을 풀어내며 스스로 생각을 정리할 수 있었습니다.

셋째, 안아 주었습니다.

기질적으로 스킨십을 별로 좋아하지 않는 딸이었지만 한번 도전해 보았지요. 잔다고 인사하는 아이를 꼭 안아 주었더니 딸아이의 엉덩이는 저만치 가 있고, 몸은 마네킹처럼 뻣뻣하게 굳습니다.

"왜 이러는데?"

"그냥."

하지만 백 마디 말보다 더 큰 위로를 주는 것이 바로 '포옹'입니다. 시댁에서 잔뜩 일하고 집에 돌아와서 또 설거지를 하는데 남편이 살그머니 내 뒤에서 안아 준다고 상상해 보세요. 혹은 옆집 아줌마한테 무시당하고 속상해서 앉아 있는데 남편이 다가와 소리 없이 나를 꼭 안아 주면 기분이 어떨까요? 그걸로 충분하지 않을까요?

넷째, 믿고 기다려 주었습니다.

첫째로 태어난 게 무슨 잘못이라고 뭐든 다 잘해야 하고, 뭐든 완벽해야 하나요?

집 마당의 많은 나무들 중 어떤 나무의 꽃이 먼저 필까요? 아무도 알 수가 없습니다. 나무들은 저마다 자기 때에 꽃을 피울 것이고, 자기다운 꽃을 피울 거예요.

기대하는 엄마가 아니라 기다려 주는 엄마가 되기로 한 거죠.

마법에 걸리는 교복을 입은 지 1년 정도가 지날 무렵이었습니다. 설거지를 마치고 식탁에 앉아 커피를 마시는데, 딸이 제 앞에 앉더니 저를 가만히 쳐다보며 "엄마, 힘들어?" 이렇게 묻는 거예요.

다정다감한 딸도 아니고, 더군다나 지금은 사춘기 외계인으로 살고 있는 딸이 제 눈을 바라보며 말을 건넨 것입니다.

"아니……."라고 입은 말을 하고 있는데 저도 모르게 눈물이 왈칵 쏟아지는 거예요.

"엄마, 나 때문에 힘들지? 엄마 눈에는 '힘들어'라고 써 있었는데……. 요즘 내가 자꾸 그러니까 엄마 눈에 '아파서 힘들어.' 이렇게 써 있는 것 같아."

"아닌……데……."

"엄마, 엄마는 내가 왜 그때 교무실에 갔는지 알아? 거기서 무슨 벌을 받았는지 알아? 왜 아무것도 묻지를 않아?"

"엄마는 네가 왜 교무실에 불려 갔고, 거기에서 무슨 벌을 받았는지가 궁금한 게 아니라, 그 순간 엄마가 널 위해서 아무것도 해 줄 수 없다는 게 너무나 미안했어. 엄마가 좀 더 다인이를 이해했더라면 그런 일은 없었을 텐데……."

"내가 거길 왜 갔냐면……."

그렇게 딸의 억울한 이야기는 눈물, 콧물 범벅이 되어 긴 시간 계속되었습니다.

이야기를 다 마친 듯이 제게 다가오더니 저를 꼭 안아 주며 "엄마, 근데 엄마는 어떻게 알았어? 내가 다시 내 자리로 돌아올 걸. 내가 사람이 될 걸 어떻게 알았어? 날 어떻게 믿었어?"라고 했습니다.

"음…… 엄마 딸이니까."

"엄마, 믿어 줘서, 기다려 줘서 고마워. 이제 잘할게. 공부를 잘한다는 게 아니야. 그냥 생활을 잘한다는 거지."

그러던 제 딸은 어느새 대학생이 되었습니다. 그리고 진짜 그날 이후로 생활을 잘하는 '사람 정다인'이 되었습니다. 다른 이들에게 마음을 내어 주고, 시간을 내어 주고, 믿고 기다려 주는 사람 정다인.

여러분은 무엇을 물려주시겠습니까?

소유하는 능력이 아니라, 관계 맺는 능력을 물려주어야 합니다.

아이들은 끊임없이 우리에게 손을 내밉니다. 도움을 요청하는 거지요. 화해하자는 의미이기도 하고요. 그래서 사춘기의 반항이 오히려 고마울 수 있습니다. 우리를 포기하지 않고 수시로 기회를 주는 아이들이니까요. 이렇게 강력하게 꼴통짓을 하지 않으면 우리는 절대로 눈치채지 못할 테니까요.

대한민국 모든 아이들이 사람이 되는 그날을 꿈꾸며, 가짜 부모 말고 진짜 부모 놀이 제대로 해 보면 좋겠습니다.

웃어 주고
들어 주고
안아 주고
믿고 기다려 주기.
기적을 선물하세요.

엄마도 그렇단다

- 엄마 지음

네 작은 실수에 야단을 쳤구나.
얘야, 사실은 엄마도 실패를 한단다.
실패 없이는 성공도 없다는 것을
엄마가 잠시 잊고 있었구나.
얘야, 미안하고 또 미안하다.

너의 늑장을 다그치고 있구나.
얘야, 사실은 엄마도 망설인단다.
모든 일엔 신중함이 앞서야 한다는 것을
엄마가 잠시 잊고 있었구나.
얘야, 미안하고 또 미안하다.

울고 있는 너를 안아 주지 못했구나.
얘야, 사실은 엄마도 서러울 때가 있단다.
맘껏 울 줄 알아야 맘껏 웃을 수 있다는 것을
엄마가 잠시 잊고 있었구나.
얘야, 미안하고 또 미안하다.

두려운 시도를 자꾸만 강요하는구나.
애야, 사실은 엄마도 때로는 겁쟁이란다.
세상을 이기기보다 세상을 품어야 한다는 것을
엄마가 잠시 잊고 있었구나.
애야, 미안하고 또 미안하다.

짜증을 내는 너를 원망했구나.
애야, 사실은 엄마도 자주 화를 낸단다.
나를 좀 더 사랑해 달라는 또 다른 표현인 것을
엄마가 잠시 잊고 있었구나.
애야, 미안하고 또 미안하다.

엄마만 찾는 너를 귀찮아했구나.
애야, 사실은 엄마도 나의 엄마가 그립단다.
어른이 되어도 엄마 품으로 숨고 싶을 때가 있다는 것을
엄마가 잠시 잊고 있었구나.
애야, 미안하고 또 미안하다.

하지만 애야, 이것만은 알아 줘.
엄마는 너를 단 한 번도 사랑하지 않은 적이 없단다.

너를 사랑한다는 걸 잊은 적이 없단다.
네가 세상에서 가장 소중하다는 걸 놓은 적이 없단다.
얘야, 사랑하고 또 사랑한다.

꿈꾸는 나

나는 늘 건강하고 활기차다.

나는 훌륭한 것들을 많이 성취할 수 있다.

나는 삶을 사랑하고 살아가는 것이 즐겁다.

나의 가족은 언제나 서로 믿고 사랑한다.

나는 충만한 삶을 살고 있다.

나는 있는 모습 그대로의 내가 좋다.

나의 존재는 빛이 난다.

나는 좋은 향기를 흘려보내고 있다.

나는 적극적이고 자신감이 있다.

나는 나 자신을 훌륭하다고 생각하며 현재의 나를 인정한다.

나는 날마다 모든 면에서 점점 더 좋아지고 있다.

나는 내가 있는 곳에서 즐겁게 일하며 내게 맡겨진 일을 감사한다.

나는 매우 소중하고 특별한 사람이다.

내 주위에는 사랑하는 사람들로 가득하다.

나는 충분히 매력적이며 항상 에너지가 넘친다.

나는 기분 좋은 사람이다.

나는 내 안에 있는 새로운 재능들을 발견해 나가고 있고 마음껏 사용한다.

나는 삶을 사랑하고 살아가는 것이 즐겁다.

나는 늘 좋은 생각을 하고 좋은 선택을 한다.

나는 지금의 내 모습을 사랑하고 내가 나인 것이 기쁘다.

잘해 오셨고
잘하고 계시고
잘하실 거예요!

공 로 상

성 명 염 은 희

위 사람은 이 세상에 태어나
단 한 번뿐인 인생을 행복하고 의미 있게
잘 살아 냈으며
다른 이들의 마음을 살리고
많은 이들에게 기쁨과 감동을 선물하여
좋은 세상을 만드는 데 큰 공헌을 하였기에
공로상을 수여합니다.

2040년 8월 24일
유엔사무총장 정 용 범

공 로 상

성 명

위 사람은 이 세상에 태어나
단 한 번뿐인 인생을 행복하고 의미 있게
잘 살아 냈으며
다른 이들의 마음을 살리고
많은 이들에게 기쁨과 감동을 선물하여
좋은 세상을 만드는 데 큰 공헌을 하였기에
공로상을 수여합니다.

년   월   일

○ ○ ○